CÓMO SALIR DEL INFIERNO

ALFREDO URDACI

CÓMO SALIR DEL INFIERNO

CRÓNICA DE UN NAUFRAGIO

PLAZA & JANÉS

Primera edición: abril, 2006

Printed in Spain – Impreso en España

ISBN: 84-01-37949-0
Depósito legal: B. 11.407-2006

Compuesto en: Fotocomposición 2000, S. A.

Impreso en SIAGSA
Ramón Casas, 2. Badalona (Barcelona)

Encuadernado en Artesanía Gráfica

L 379490

Tres ángeles se ocuparon
de que el infierno no fuera unánime.
Este libro es para ellos. No todos carecen de sexo.
Y eso también es cosa de los cielos

Índice general

El infierno gira en torno a un eje. Por su forma es circular y por su naturaleza es interminable, reiterativo y más bien insoportable.

FLANN O'BRIEN

¡Y cómo se echa de ver que esto es el infierno, donde por atormentar a los hombres con amarguras les dicen las verdades!

FRANCISCO DE QUEVEDO Y VILLEGAS,
Sueño del Infierno

Cielos e inviernos

El infierno llega el día que das la mano a tus amigos y sientes que han leído tu esquela hace diez minutos en algún periódico. Este es uno de los infiernos terrenales más comunes: un invierno circular, en el que sólo recibes abrazos en la intimidad. Una tarde compartía la trastienda de un debate en la televisión de Valencia con otros periodistas. En un momento, en el ir y venir entre la antesala y la sección de maquillaje, me quedé a solas con una conocida y habitual de tertulias y debates. En aquel instante la rubia señora, madura hasta el pedúnculo, se me acercó y me dijo: «Déjame que te dé un abrazo ahora que no nos ve nadie». Pensé que se trataba del asalto de una mujer madura a un joven bisoño. Hasta ahora sólo la pasión y el amor adúltero justificaban esa expresión tan extemporánea sobre las ventajas de la soledad. En el infierno esto es lo normal. No nos vieron, le di el abrazo, porque en público hubiera supuesto una merma de mi reputación, y quizá de la suya, pero en ambos casos, de sentidos muy diferentes.

En un país en el que en muchos ámbitos han sonado las trompetas de la persecución y el sálvese quien pueda, hablar del infierno es tratar de un lugar común. Durante años se ha sembrado el odio. Se han utilizado todos los pretextos y todas las herramientas, se han levantado todas las quijadas de burro que se han encontrado en los eriales. Los reveses han venido casi todos de una sola parte, empeñada en marginar a media España a la hora de decidir los caminos que debe seguir nuestra vida pública. Ahora estamos en época de cosecha, y viene cargada. De vez en cuando se perciben destellos de la pólvora que estalla. Acabo de ver el exabrupto de Pepe Rubianes en un programa de TV3, el mismo al que una vez fui como invitado. He visto su rostro triste, vísperas de la depresión y del ocaso, y su voz que escupe ojalás contra los españoles, él que nació en Galicia, y habrá crecido con meriendas de hogazas y queso de teta: «Ojalá les exploten los cojones, puta España», y el presentador ríe como el niño que oye la letanía escatológica que piensa y nunca se ha atrevido a pronunciar en público, y el público aplaude mientras piensa: «Es uno de los nuestros, piensa como nosotros». Esto es parte del infierno porque así nos gusta que sea, y así hemos querido hacerlo. También es cierto que ese continuo empujar hacia el borde del abismo ha hecho despertar a sectores en otro tiempo dormidos, aletargados, aturdidos por la victoria accidentada del contrario y su intento de ganar kilos de legitimidad a base de un gobierno radical.

Viví tres años en Roma y disfruté a veces del humor con el que los romanos tratan las cosas de la Iglesia. Hacen chistes y viñetas, y a ningún católico se le ocurre quemar el Quirinale o darle fuego a Palazzo Chigi, donde mora el primer ministro en sus horas de trabajo. Pero tampoco se ha dado el caso de que el jefe del gobierno reprenda a los autores de las gracias, o a los autores de la sátira, con el argumento de que son productos intelectuales moralmente reprobables. Uno de esos relatos dice que un viejo ateo muere y en el juicio final es condenado al infierno tan temido, algo que para él no es ninguna sorpresa, más bien forma parte del guión que ha estado escuchando durante toda su vida. Allí, a las puertas de las instalaciones, le recibe el propio Belcebú, y le dispensa el trato que se guarda para los grandes y mejores clientes: recepción, paseo por el recinto y una blanda amabilidad. Es el premio a la constancia. El infierno es uno de los muchos negocios donde calidad y cantidad no son incompatibles.

Las primeras visitas que ofrecen a tan insigne cliente son desconcertantes: campos de golf con la hierba en perfecto estado de corte; salones de un lujo exquisito donde los condenados leen sin presbicia, fuman sin cáncer, beben sin cirrosis, o se divierten jugando al billar o al póquer. Las televisiones cambian de canal con un leve parpadeo y la satisfacción sexual puede ser tan eterna como la condena. El ateo, de naturaleza escéptica, no cree lo que ve, pero abrumado por las atenciones, calla. Después de visitar las playas y de pisar su arena blanca y mullida, el grupo llega a un altozano desde el que se divisan unos acantilados.

Sobre las rocas, las nubes. Súbitos resplandores iluminan de forma intermitente los nubarrones que cubren la región. Cuando se acercan al precipicio ven al fondo un paisaje dantesco: grandes ollas donde se cuecen los condenados, fuegos alimentados por diablos que chapotean en un lodazal oscuro y pantanoso, un nauseabundo olor a sulfatos y carne quemada, gritos, lamentos, y rechinar de dientes. El ateo encuentra por fin lo que estaba buscando, el infierno del que tanto le habían hablado, la descripción con la que tanto le habían amenazado, el reflejo platónico de sus pesadillas, el dolor inmenso de los condenados, y la risa estremecedora de los diablos. «Esto es, esto es el infierno, me habéis engañado. Lo que he visto hasta ahora era un espejismo, un acto cruel de propaganda.» «No, hombre, no —le responde Satán—. Este es el infierno de los católicos, a ellos les gusta así.»

Empeñados en la tortura, Belcebú habría construido un parque temático calcado de la descripción de Dante, con su clasificación de pecados, y sus categorías de castigos sólo para los creyentes en el infierno. En esa reconstrucción, el infierno sería simplemente una industria hecha a la medida de la imaginación y los deseos, es decir, una simple prolongación del placer y la decepción terrenales. Por cierto, siempre me ha llamado la atención que el toscano situara a los traidores en el último círculo de su infierno, y que su lugar en el Averno fuera un lago helado («por lo que me volví y hallé delante y a mis plantas un lago cuyo hielo tenía de vidrio y no de agua el semblante») donde moraban las almas de los traidores a la familia primero, y a la patria después. No todo en el infierno son habitaciones caldeadas, calderas y parrillas de barbacoa para los malditos. Al friolero y al esclavo de las llamadas pasiones frías le envían al lago: a cada uno según sus manías.

Los infiernos son variados, porque las palabras terminan por crear lo que dicen, y cada cual lo modela según sus obsesiones. Ciryl Connolly dice que su «idea del infierno es la de un lugar donde nos hacen escuchar todo lo que hemos dicho durante la vida». Es posible que en muchos casos ese sea el castigo, nuestra voz desprovista de contexto, sometida a la verdad y a la comprobación de cuánto de lo que dijimos alguna vez es capaz de soportar el contraste con el futuro. Sería algo así como la «terapia de aversión» a la que es sometido Alex en *La naranja mecánica*. Es posible que la condena de los periodistas sea recordar algunas noticias y su redacción, la de los jueces escuchar algunas sentencias, la de los políticos asistir a alguno de sus mítines, la de los médicos enfrentarse de nuevo con alguno de sus diagnósticos, y la de una directora general recordar el momento cumbre en el que mandó retirar dos recursos y condenó a la indefensión a la empresa que tenía que dirigir.

Cada cual tiene su visión o su imaginación de una vida difícil. La condición de la que aquí se trata puede ser común a muchas personas en mayor o menor grado. España ha entrado desde hace tiempo en una de esas fases de su historia en las que una parte envía a la otra al infierno y procura que la situación dure lo más posible mientras se cambia la escena de tal forma que cuando vuelvan los otros no puedan tocar nada. Esto es más real ahora que tenemos un gobierno dispuesto y lanzado a una especie de revolución moral de bricolaje que combina la permisividad para que las parejas homosexuales puedan casarse o adoptar hijos, con la prohibición fundamentalista del tabaco. Algunos lo han llamado el descubrimiento del estado madre; para otros se trata de un gobierno *new age*, una acción gubernamental blanda y sentimental por ausencia de programas reales de desarrollo y crecimiento, un estilo intrusivo que combina la tolerancia y la mano dura en lugar de dejar que la sociedad civil arregle las querellas en las que no se tiene que meter quien manda. Y para mandar ha barrido de la escena todo lo que le estorba, incluidos aquellos programas de «telebasura» que actuaron como arietes políticos contra el gobierno de centro-derecha y que en algún momento podían variar el ángulo de tiro de la sátira contra los que ahora están al frente de la barraca.

La vida pública en España ha entrado en una fase en que recuerda los años de la crisis italiana. La sociedad civil es madura, crece, compra bancos en el exterior, extiende las redes de las empresas, mientras de la cosa pública se ocupa la generación más mediocre y peor vestida de las que han salido de nuestra universidad. Unos y otros se culpan de la tensión, de la crispación, de los insultos, de la incomprensión y de las culpas de la historia. Sobran querellas y falta humor, abundan las malas pulgas y la leche agria. Nos gobierna un estilo sectario que se traduce en sentencias de condena emitidas cada mañana por las ondas. Este es un paseo por regiones que cada vez son menos extrañas, un libro escrito con ánimo de tomarnos las cosas con una cierta distancia.

También es una guía para condenados, extraviados, desorientados, y también para los periodistas, para los que vieron desde su comodidad instalada el inicio de algunas persecuciones y no levantaron ni la mano ni la voz, o para los que llegaran a percibir el peso sectario, la gravedad solar de las familias, el sólido rodillo de convenciones que se deben aceptar para participar de la fiesta en uno o en otro lado, más en uno la verdad. Curiosa profesión, acusada de ser corporativa, siendo el menos corporativo de todos los gremios, fragmentada en banderías que obedecen el interés económico del editor y propietario, dispuesta a dar siempre lecciones de ética al contrario, pero incapaz de levantar una noticia en el propio domicilio, no vaya a ser que se enfaden los que nos compran tantas suscripciones para repartir en las covachas de la administración; histérica con las relevaciones de la competencia, y capaz de resucitar a José Amedo para darle un bofetón al director del diario de la otra calle, capaz de destilar insultos en sus páginas con una agresividad macarra para escandalizarse después por la esgrima verbal de alguna estrella matutina de la radio; poblada de forrabolas y tragasables, opinadores y todólogos dispuestos a destilar pensamientos propios o ajenos con tal de alimentar la tragaperras que tienen por corazón. Curiosa profesión.

La condición de la que se habla en este libro, ese infierno tan común, ha sido compartida por muchos colegas de profesión, barridos por una especie de intolerancia maoísta. Algunos han caído en las arenas movedizas de alguna radio en la que los directivos que siempre han sido de la casa porque nunca jamás a nadie se le ocurrió hacerles una oferta desde el exterior, les han dicho que debían pasar un período de «reeducación». Otros vegetan en pasillos alimentados por una solución hidropónica, como esas plantas de invernadero que no necesitan suelo ni tierra para crecer. Los hay también que han querido escapar a esa dura condena del ostracismo por vías rápidas, por trochas y atajos. Algunos desfilan anónimos por las páginas de este libro, y quizá les reconozcan bajo su disfraz de opereta.

No sirve. Postrarse de hinojos ante quien tiene el poder es ofrecer una satisfacción inmensa a quien lo ostenta, brindarle la oportunidad de perdonarnos la vida o de cortarnos la cabeza, es un gesto imperial de un gladiador humillado. Los que han ocupado los lugares vacíos creían que habían llegado a la tierra prometida: abrieron la ventana y soltaron unas palomas que todavía no han vuelto. Pronto se encontraron con que la promesa no se cumplía: las audiencias eran tacañas, el público emigraba ante el tedio, la vida era más compleja de lo que parecía, y algunas traiciones del poder, dispuesto a cambiar cromos con las teles privadas, terminaron por precipitar la depresión que flotaba en el ambiente. En los cerros de algunos prados ha comenzado la limpieza. En cuanto se han presentado las dificultades se han puesto firmes, a la orden de algún sargento que dicta que las noticias de Madrid deben convertirse en nacionales, porque la gran batalla política más próxima se librará por la capital de España y el gobierno de su comunidad. No, los infiernos no han terminado, y los próximos en entrar en esta rueda todavía no saben que su caída es inminente, así que quizá tengan interés en conocer este relato, y en explorar algunos caminos no para evitarse el trance sino para que algunas de sus estancias no les cojan desprevenidos, que las desgracias, si se intuyen, son más llevaderas.

Todo esto podría haber tomado la forma de confesión a un psicoanalista en un diván y entonces hubiéramos empezado con un acento argentino tal que «cuando vos querás». Hubiera sido inútil. No creo en la doctrina de Freud, convertida en secta para propagar por el mundo la leyenda de que uno sueña con matar a su padre para acostarse con su madre, o que si se hurga en la nariz es un síntoma de alguna perversión sexual. El psicoanálisis y sus derivaciones charlatanas han dejado el mundo de la psiquiatría lleno de cadáveres y un rastro de culpabilidad en muchas madres que ante problemas graves de sus hijos, como el autismo, han recibido un diagnóstico de culpabilidad que les ha marcado de por vida. Como en el caso de la izquierda española, el éxito del psicoanálisis se debe a la construcción de todo un aparato institucional que garantiza su pervivencia y es capaz de dar carta de naturaleza científica a las más infames mentiras. Podríamos empezar en el diván pero estoy convencido de que la disciplina psicoanalítica es la doctrina intelectual más corrupta de la historia general de las ideas.

Es algo similar a lo que ocurre en los tiempos presentes, con esa mezcla de tolerancia y puritanismo tan extraña, con ese continuo remitirse a tiempos que las generaciones jóvenes no han conocido, no han vivido, no han manejado, más allá de manuales de texto escritos con la intención no de conocer el pasado sino de condicionar el tiempo futuro inmediato. Se podría decir que nunca en la historia de nuestro país se han provocado tantos incendios sociales con tan buenas palabras y muchas mentiras. Y sin embargo la mano de hierro se viste con guante de seda cuando se trata de apretar el puño que viene de otras culturas. Es extraño, cuando menos extraño, que ahora que los musulmanes nos quieren enviar a todos a su propio infierno, el del yihad, los hombres bomba y las bombas voladoras, la izquierda haya descubierto el respeto a la religión y a las creencias que nunca han tenido con católicos o judíos, que se arruguen ante la fatwa, el destino arrasador, contra el autor de las viñetas y todo occidente por tener una prensa libre y unos dibujantes a los que se tolera incluso cuando faltan a lo más sagrado.

En este libro no hay ficción, si acaso algún sueño y alguna criatura travestida por algún exceso de la imaginación, y muchos pasajes deformados por la ironía y el humor, porque el infierno procura una exacerbación insoportable de los sentidos, y una deformación del tiempo y el espacio. Los infiernos son múltiples y variados, cada uno está en el infierno a su manera, pero algunas formas tienen muchos elementos y situaciones en común. En este libro se trata de uno en particular, quizá el más común de todos, que como dice Quevedo «el camino del cielo es angosto y el del infierno ancho». No ha hecho falta inventar nada, tan sólo transfigurar algunas situaciones. En España la realidad es demasiada para cualquier escritor. T. S. Eliot decía que todo hombre es capaz de soportar sólo una determinada cantidad de realidad. Pasa como con la televisión, que sólo es capaz de aguantar una determinada cantidad de basura. En España esa cantidad es cada vez menor, porque el peso específico de lo que nos sucede es demasiado grave como para tomárnoslo en serio.

Dicho esto, déjenme contarles mi recorrido infernal, y algún atisbo de luz al final del túnel. Tiene el valor de una experiencia muy personal. Les advierto que el relato termina bien, como esos cuentos en los que el cielo se cierra hasta tocar el techo y al final el horizonte se vuelve a despejar. En estos dos años desde el advenimiento del nuevo poder me han ocurrido tantas cosas que he llegado a pensar que vivía una vida exagerada. Pero al contarlo a amigos y a algunos extraños les he visto tan divertidos que no puedo resistir a compartir con ustedes estas historias. Algunas cosas, cuando se cuentan, son siempre menos graves de lo que nos parecen, y en toda realidad hay un ángulo de farsa que conviene explorar. Todo empezó una tarde, en la que percibí la fuerza de la corriente pero fui incapaz de intuir hacia dónde me llevaba.

1

La tarde que llegué al infierno

> Desde entonces, sin previo aviso, vuelve aquella sacudida y, si no cuento mi espectral historia, el corazón recae en su agonía.
>
> SAMUEL TAYLOR COLERIDGE,
> *La balada del viejo marinero*

> Pero, ¡ni una mano amiga! ¿Y dónde encontrar socorro?
>
> ARTHUR RIMBAUD,
> *Una temporada en el infierno*

La tarde que llegué al infierno no había atascos en Madrid. Era mayo, uno de esos días de mayo en que las tormentas descargan a media tarde, poco después de las cinco, con puntualidad lorquiana, como para detener las corridas de San Isidro con una cortina de agua intensa y desapacible. Era un mayo de tormentas, y por tanto anterior a la sequía. Sé que era mayo, lo sé porque era uno de esos primeros días de libertad, sin la obligación de presentar el telediario a las nueve de la noche. No hubo maquillajes, ni llamadas, ni súplicas, ni broncas. Un ruido en el oído, como un martilleo agudo y constante, me recordaba desde la mañana que la felicidad nunca es completa porque no puede garantizar el futuro. Eran los primeros síntomas de que la vida intensa, perra, de los últimos meses iba a pasar factura en forma de médicos y recetas, y quizá una convalecencia larga, una temporada entre sábanas blancas, inyecciones y lecturas clásicas. A veces la naturaleza es bondadosa y nos regala una temporada de penicilina y aire de montaña. Aquella tarde no había nadie a quien culpar de los males. ¿Dónde estaba todo el mundo? ¿Dónde los autobuses escolares, los agentes, el ejército de taxis?

Un viento suave movía las hojas de los álamos cuando llegué al hotel Villamagna. Escuché el rumor al bajar la ventanilla para recoger el ticket del aparcamiento. Me llegó el sonido de las hojas, cierto, pero no la voz del portero, su «buenas tardes», intuido sólo por el movimiento de los labios bajo la gorra de visera. Y sin embargo estaba a tan sólo dos metros de mí. Le respondí de la misma forma: un movimiento de labios que correspondía al suyo, sin emitir un solo sonido. La broma recordaba a aquella otra que volvía locos a los técnicos de sonido del plató, cuando te pedían una prueba de voz y tú movías una boca vehemente y muda. Se volvían locos de inquietud. Entré, aparqué, tomé el ascensor y pulsé el botón de la primera planta.

Hoy todavía estoy seguro de que aquella tarde tenía una cita profesional en la cafetería. Pero no consigo recordar con quién. En las últimas semanas había tenido un par de citas en aquel lugar con un hombre pequeño, seductor, lascivo, en apariencia insignificante, pero capaz de despertar entusiasmo ante ideas inútiles, y de cobrar por ello auténticas fortunas. Pero aquél no era su día, estoy seguro. Tampoco importa: uno llega al café y se sienta, y al poco siempre aparece alguien conocido a quien saludar y a quien contestar con frases genéricas, de esas que indican que uno hace muchas cosas cuando en realidad no está haciendo nada. Cuando llega la ocasión somos expertos en disimular: contar sin decir nada, aparentar un despliegue de fuerzas sin haber movido un dedo.

El café del Villamagna es un lugar de paso donde se pueden encontrar inquilinos estables, que construyen un despacho con una mesa y cuatro sillas, y abren y cierran negocios, tratos de fútbol, compra y venta de jugadores, de programas de televisión, entrevistas de prensa, y algunas de televisión. En sus salones se cierran muchos acuerdos, con una mirada de reojo hacia la mesa vecina. Los despachos de oficina son lugares arrasados, inhóspitos, demasiado tristes como para pasar una tarde de mayo, y nada visibles, incapaces de mostrar todo el esplendor individual del poder que otorgan las malas compañías. El espacio del salón tiene dos niveles. El primero, el más bajo, se ordena en torno a una zona circular flanqueada por cuatro columnas. La elevación de este círculo le da una visión abierta y directa sobre el resto. Los que se sientan en las mesas de la zona elevada tienen un dominio visual general y una posición altiva sobre todo el salón inferior. Un código tácito, como si fuera un derecho de admisión natural, establece que los que tienen poder buscarán la zona central, tres palmos por encima de los demás. En los extremos del salón se sientan los que han sido centrifugados por la rueda de la fortuna, los que aspiran a recuperar su poder, o quizá no. Los ociosos tienen su lugar en butacas mullidas donde el peso del vacío es más cómodo. Más allá, al otro lado de la cristalera, está la calle: un frío de acero en invierno, y un calor de fundición en verano.

El salón estaba lleno. Tuve una impresión de seguridad, casi de hogar, después del desierto de las calles. Me hallaba en un lugar «favorecido de naturaleza por el sosiego amable, donde, sin malicia, la hermosura entretenía la vista». En un rincón charlaban animados un viejo periodista deportivo, vociferante e histriónico, y un tratante con aspecto de ganadero que había sacado doscientos millones de euros de la sublime torpeza de dos ejecutivos de brillantina. Me senté, pedí un té y desplegué un periódico cargado de noticias anticuadas. Internet decía que la bolsa caía y la prensa hablaba de la euforia del día anterior. La red informaba también del asesinato a martillazos de una mujer en Jaén a manos de un marido octogenario, y el periódico editorializaba sobre las intenciones políticas de hacer del nuestro un país más decente. Hice un sudoku y un crucigrama, y quizá por eso tardé una eternidad en verlo, porque me costó fijarme en él, a pesar de que, aun inmóvil, emitía constantes señales hacia mí. Aún hoy me pregunto cómo es que no me fijé antes, al llegar, al pasar junto a él, casi por encima de él, tumbado como estaba en uno de los sofás de la entrada, armado con un bastón, y aquel libro sobre la mesa. Quizá no le vi porque no le buscaba. Quizá no estaba allí, quizá llegó después, aunque sí recordaba la impresión de haber cruzado por delante de un lugar ya ocupado, y por tanto descartado para instalarme.

PRIMICIAS A MEDIA TARDE

No me llamó la atención su atuendo correcto, ni su expresión abstraída, ni sus rasgos suaves, ni siquiera su mirada, hundida, viva, compuesta por dos pequeños ojos negros, que se detenían en los detalles de la sala como en una espera. Era un rostro sin misterio, y por tanto sin historia ni interés. Me fijé sólo en el libro que había en su mesa, al lado de un vaso donde un manojo de hielos flotaba en lo que parecía güisqui. Me ganó la curiosidad sobre qué estaba leyendo, o qué había dejado de leer para observar la sala, o qué es lo que iba a leer aquella noche. Los libros son siempre un enlace, un viejo anzuelo, un señuelo, a veces una bandera. Hay libros que se llevan por la calle para demostrar que los leemos, y otros que no llevamos porque nos daría vergüenza reconocer que todavía no los hemos leído. La cubierta tenía un tono azul que me resultaba familiar. Desde mi posición no podía ver más, y sin embargo me intrigaba aquel volumen. Me levanté para simular un viaje al servicio y pasar junto a la mesa. Al llegar a la altura me detuve sin poder dar un paso más, como si un muro invisible me hubiera cortado el paso. La fotografía en la portada era mía. El nombre del autor era el mío. El título de la obra fue, mucho más tarde, también mío: *Días de ruido y furia.* Y sin embargo en aquellas fechas yo no había imaginado nada, ni había escrito nada, ni tenía intenciones de hacerlo, ni había llegado a hablar con una editora que publicara aquel texto que ni tenía título, ni principio ni fin.

—¿Dónde ha comprado usted este libro?

El propietario de aquella quimera abrió las manos y saludó con un frío, impasible «buenas tardes», y con una de esas sonrisas cálidas y familiares con las que nos suelen regalar los viejos conocidos. Tuve que repetir la pregunta.

—¿Dónde ha comprado este libro?

—No se vende. Lo siento, pero no puedo darle ninguna dirección útil.

—Claro que no, es imposible, ni siquiera está escrito.

—Bueno, si abre sus páginas verá que sí, está escrito en todas ellas.

—¿Puedo?

—¡Faltaría más, es suyo! Pero tenga en cuenta que ya lo ha dedicado.

—¿Cómo dice?

—Sí, el libro tiene una dedicatoria.

Mis manos temblaban cuando levantaron aquel volumen. Lo abrí por la primera página. Allí había un pequeño texto manuscrito. Aquélla era mi letra: «Para S. porque valora el presente por encima de cualquier otro tiempo y al margen de toda circunstancia». Y allí estaba mi firma: primero una A, después un punto, y luego un apellido escrito en mayúsculas. Y sin embargo yo nunca hubiera escrito algo así para nadie. ¿Quién sería S.? Pasé las páginas, todas tenían un texto apretado. Me detuve al azar, y leí un párrafo en el que se narraban la amenazas de Pepiño Blanco al entonces director general de Televisión Española: «¡Me voy a encerrar en un despacho de Torrespaña y voy a poner una pancarta en la ventana! Voy a montar un pollo que se va a enterar toda Europa». Imaginé la escena. La había escuchado hacía unos meses, en una grabación nítida, misteriosa, casi milagrosa. Era la voz del que pasa a cobrar la protección a la tienda de ultramarinos: ansiosa, impostada de graves, cargada de interjecciones. Viejos expertos en la agitación. Aquellas palabras fueron la primera constatación de un estilo, y ya se sabe que el estilo es el hombre. Tuve un amago de risa, pero se congeló.

—¿De dónde ha sacado usted esto?

—¿Le importa sentarse? No le conviene levantar la voz. —Era cierto, unos cuantos clientes, con rostro de moneda, habían girado sus cabezas de tortuga silenciosa hacia nuestro rincón.

—Necesito una explicación.

—La tendrá en su momento.

Me senté con ansia por desentrañar aquel enigma, casi empujado hasta el fondo del sofá por la fuerza de la fatalidad. Dejé el libro sobre la mesa, con la portada hacia abajo. No podía contemplar aquella foto sin sentir un estremecimiento; no podía leer aquel título sin sentir que en él estaban concentrados los últimos dos años de mi vida, duros y ásperos como una selva salvaje.

—¿Quién es usted?

—Me llamo Eleuterio.

—¿Y su apellido?

Su sonrisa era la estela que deja el recorrido mental de la ironía.

—No tengo apellido.

—Estupendo. Así nunca se lo podrán ensuciar.

—Sería difícil.

—Pero ¿qué hace aquí, qué broma es ésta, de dónde sale usted y, sobre todo, de dónde ha sacado este libro? Le advierto que si se trata de una cámara oculta o algo similar no pienso participar, estas cosas son muy serias.

—¡Y tanto! Le diré a usted que está usted condenado, condenado al infierno.

—No me tomes el pelo, perdona que te tutee, pero es que esto es el colmo. Conozco unos cuantos que me deberían preceder en ese honor. Creo que ya he pagado bastante en los últimos meses como para que ahora venga alguien con esta broma. ¿De dónde sales con esa facha y esa historia?

—De profundis.

—Entonces eres policía o espía.

—Lo he sido, he probado todo lo que los mortales desprecian con su habitual hipocresía.

No cambió su expresión. Frotó la cabeza del bastón, y luego cogió el vaso, lo agitó, hizo sonar el cristal con los hielos, y lo volvió a dejar sobre la mesa sin llegar a beber.

—Ha sido usted seleccionado, más bien señalado, para pasar una temporada en el infierno. —Esto lo dijo con una sonrisa cordial, como si la suerte estuviera de mi lado.

Lo anunció con satisfacción, recorriendo con su voz de timbre metálico el perfil de todas las sílabas.

—¿Con todos los gastos pagados?

—Algunos, sólo algunos.

—Mira, no tengo tiempo que perder.

—En absoluto, debe empezar cuanto antes. ¡No se arrepentirá de hacerlo porque su paso por nuestras regiones es inexorable! Quizá nunca más deseará volver a su mundo de antes. O quizá sí. Usted no está muerto, al menos físicamente. Pero hay muchas formas de morir, y usted ha entrado en alguna de ellas. La prueba es este libro que usted todavía no ha escrito, pero lo hará. Como sabrá, en nuestro mundo el tiempo no existe: no hay pasado ni presente, y menos futuro. Vivimos en un confuso todo sin jerarquías temporales, un magma global donde la satisfacción es plena porque no hay antes ni después, no hay expectativas, y por tanto tampoco decepción, ni nostalgia, ni arrepentimiento. El tiempo es sólo una criatura más de nuestro enemigo, un juguete que no comparte con nosotros, ángeles desterrados de la gloria. Nosotros tenemos otras herramientas. Este libro está en su tiempo futuro. Nosotros, como ve, ya lo tenemos. Se podría decir que es el primer ejemplar de la primera edición, una primicia. Ha caído usted en un laberinto, en un terreno oscuro, en una ficción delirante, la nuestra, la que nosotros le imponemos. Todavía tendrá un grado de libertad para elegir. No nos gusta la coacción plena. Si quiere escapar deberá encontrar la salida. De lo contrario entenderemos que se quiere quedar con nosotros, unirse a nuestra legión, y esperar o desear una muerte que le dará plenos derechos para ser uno de los nuestros. ¡Anímese, hombre!

Esto último me lo debió de decir al ver mi rostro, cruzado a partes iguales por la perplejidad y el estupor. No sabía si estaba ante un loco, un cínico pasado de inteligencia, o el enésimo delegado que me enviaba la secta del capullo. Sentí frío. En aquel momento dudaba entre llamar al servicio de seguridad del hotel o seguirle la corriente. España había cambiado tanto en pocos días, desde los sucesos de marzo, que ya hasta algunos se paseaban por los cafés de los hoteles de cinco estrellas haciéndose pasar por diablos sin ningún asomo de pudor. Pensé que un país decente, como tiene que ser, debe ser perseguido por los secuaces de Belcebú para que no se les escape la clientela. Habíamos entrado en la era de la decencia, y ésta era la primera consecuencia visible. Me acordé de aquel profesor de Teología. Hacía exámenes orales. Las pruebas se ordenaban por rigurosa lista. Yo estaba en la U. Detrás de mí venía una joven morena, bella como un melocotón, fresca como el aliento de la publicidad. Los exámenes se celebraban en el despacho del profesor. Cuando yo abandonaba la sala, siempre escuchaba la voz del profesor, en medio de una nube de humo de tabaco: «Urdaci, cuando salga deje la puerta abierta». Estaba claro que el sabio clérigo conocía la dedicación con la que los diablos se entregan a los mejores clientes de su enemigo. También su querencia viciosa por los ámbitos cerrados. El marketing infernal es inverso al del cielo: la misma alegría que inunda la morada del Padre por la conversión de un pecador es la que se propaga por el Averno cuando el que cae es un creyente sólido y recalcitrante.

Cuervos en el trigo

Hacía frío y me hundí en la butaca, como buscando refugio. Los brazos del sillón pronto me parecieron barrotes de prisión. Miré alrededor, y al volver a la intimidad de la conversación vi un rostro nuevo, la imagen satírica de una perilla pobre y encanecida, unos dientes largos y sucios, unos ojos diminutos, una cabeza sostenida por un cuello tubular, envejecido, abatido, un ser, no diré hombre, inclinado como para olfatear el lugar del cuerpo por el que el crimen es más practicable, el espacio intercostal por el que el filo del cuchillo se deslizará sin ruido ni resistencia. ¿Dónde había visto antes aquel rostro? Era incapaz de asociarlo con nada de lo que tenía alrededor. Miré el cuadro que colgaba sobre su cabeza. ¿Qué clase de hotel era aquél, capaz de poner en una de las paredes de sus salones el *Campo de trigo con cuervos* de Van Gogh? Una bandada de aves negras como la pez sobrevuela un trigal turbulento, un campo de mies incendiada en un amarillo estridente. El cielo, azul, declina su tono hacia la tragedia. Una corriente atropellada parece llevar el cuadro hacia un funesto destino del que no se puede escapar. El cuadro contiene una cantidad de realidad insoportable. Nada que ver con las escenas de caza, los paisajes adormecidos, los bodegones florales y el tímido erotismo con el que suelen decorar esta clase de salones. Aquella pintura era capaz de contagiar el vértigo de un cielo infinito y el dolor de un pincel manejado con una destreza criminal.

Un gesto me sacó de mi ensimismamiento. El sátiro se incorporó hacia delante, y se subió los calcetines de ambas piernas: un gesto impropio de su condición. Al hacerlo dejó a la vista una coronilla tonsurada, y serios problemas de alopecia. Vista de cerca su ropa, de talla ajustada, parecía usada antes por otros.

—Oiga, cuando salen del infierno ¿no pueden elegir ustedes el aspecto que pueden tener como mortales?

—Sí, podemos pero no tenemos criterio, al menos el que manejan en este mundo. Nuestra forma no tiene ningún propósito como la suya. No nos vestimos para seducir. No tenemos nada que demostrar. No se trata de un hábito, ni de un uniforme de trabajo. Quizá sólo buscamos pasar inadvertidos, una imitación de lo más anodino de su especie, un género que abunda. Pero no tenemos pautas, no se inquiete.

—Ah, claro, y se ponen lo primero que encuentran.

—Nuestra última misión suele ser determinante. Si alguien

se une a nosotros, si descubre su vocación oculta, es muy probable que imitemos su aspecto. En el fondo es una forma de homenaje, un reconocimiento. Para nuestra encarnación buscamos formas que nos sean familiares.

—Bueno, vamos a ver, dígame en qué voy a notar que estoy en el infierno, ¿qué pasa si me niego a aceptar esta historia absurda?

—Ya lo está notando. No se pase de listo.

—No veo cómo lo va a impedir.

—De entrada, su sistema de percepción de la realidad está alterado. Usted habrá transitado esta tarde por una ciudad vacía, habrá notado ruidos en su aparato auditivo. Sus sentidos, su capacidad de sentir lo que ocurre alrededor ha sido modificada: usted es hoy una de las categorías del bestiario de los infiernos. Será como una convalecencia, una enfermedad, una cuarentena, un aislamiento preventivo. Mientras siga en nuestro terreno estará privado de sueño. Y se verá obligado a transitar por los lugares por los que ha pasado su vida. No dejará a nadie indiferente. Ésta es una de nuestras más refinadas condenas, ya verá.

—No me imagino cómo va a cortar mi libertad de movimientos. Yo voy a donde me da la gana.

—Sí, pero la salida para su situación la encontrará donde la perdió, y le aseguro que cuando deje esta sala usted comenzará a rastrear para salir de un mundo que en principio le va a resultar muy incómodo.

—Usted es un impostor, o bien un canalla, y sobre todo un resentido.

—No, soy sólo un mensajero de alguien con mucho más poder. Escuche con atención: de ahora en adelante usted sufrirá todos los inconvenientes de estar en lo que podríamos llamar el «infierno terrenal», le puedo asegurar que el reino de lo que ustedes llaman las tinieblas es muy diferente de lo que va a vivir aquí. Sentirá el ostracismo, la sensación intensa de que le perciben a usted como un problema. Todos, quienes le rechazan y quienes le aprecian, prefieren tenerle lejos. Al fin y al cabo el infierno es una construcción humana. Uno de los suyos dijo aquello de «el infierno son los otros».

—Sí, cierto, fue alguien que se dedicó a hacer que la vida de sus seres más próximos fuera infernal, sucia y esclavizada. Fue un buen escritor, pero un mal filósofo. ¡Menudo ejemplo! Algún escritor español ha dicho que Sartre se equivocó en todo lo que dijo. Lo suscribo.

—Un gran pensador, si me permite, y una gran persona. Le tenemos un considerable aprecio. Su vida, la de usted, va a transcurrir a partir de ahora por senderos extraños. No estará del todo solo. Yo me comunicaré con usted en algún momento. Tendrá que esperar. No tendrá forma de ponerse en contacto conmigo. Yo sin embargo siempre sabré dónde se encuentra. Siempre. Usted espere. No me busque. Me encontrará. No le dé vueltas a por qué ha llegado hasta esta situación. El infierno ha cambiado mucho en los últimos siglos. Antes era la Iglesia la que elegía a los mejores, y nos entregaba lo que despreciaban. En aquella morralla había de todo: había hombres y mujeres fuertes, entregados a la traición y a la avaricia con verdadero afán, y con inteligencia. Pero también nos llegaban los débiles de espíritu, almas confundidas por una mezcla de ideas superficiales e inconsistentes. Pero esto es cosa del pasado terrenal. Ahora somos mucho más sensibles a la opinión pública. Nos gusta darle al pueblo lo que pide. Ya sabe, primero se les manipula, después se les entrega el chivo expiatorio. Y disfrutan: ahora pueden elegir a los condenados por SMS. No lo pierda de vista, el infierno hoy también tiene la apariencia de la democracia.

—Tendría usted futuro como programador de televisión.

—Ya lo he probado. Nuestra experiencia es profunda e intercambiable. En nuestra organización compartimos el conocimiento. Lo que han hecho otros es también nuestro. Nuestros éxitos son colectivos. El individualismo no existe, la eficacia es máxima. Deberían ustedes aprender. Yo soy uno pero represento a todos. No lo olvide. No va a descubrir en mi ninguna debilidad, porque no soy diferente de los demás.

—Ha mencionado unos cuantos pecados, pero se ha olvidado de la lujuria, que si no recuerdo mal es uno de los males capitales, a pesar de que siempre ha sido el pecado tratado con mayor indulgencia por la autoridad.

—Estamos de acuerdo. Nunca olvide que los grandes pecados se cometen de cintura para arriba, a partir del diafragma: lujuria y gula son dos formas excesivas de apreciar la parte más mortal de la naturaleza, y por tanto de la creación.

—Creo que he estado perdiendo el tiempo.

—Aún le queda media vida, no se lamente tan rápido. Ahora tendrá tiempo de saldar viejas cuentas consigo mismo.

—Por lo que dice intuyo que en todo este tiempo usted será mi tutor, ¿no es así?

—Póngale un término cuando llegue al final, si es que alguna vez acaba.

—¿Qué es lo que debo demostrar?

—Que se puede reinventar a sí mismo, que está por encima de la experiencia que ha vivido, que sabe revelar las trampas que se ha encontrado en el camino. No lo tiene fácil. Una de las pruebas que debe superar es la de resistir todo lo que le vendrá encima: hay una expresión que ustedes utilizan..., algo así como que a uno se le cae el cielo. Eso es. Ésa es su situación. Ya veremos si sale de ésta.

Es inquietante cómo la fe se pierde o se gana de una forma desigual, cómo hay creencias ancladas en nuestra alma que no han muerto aunque las tengamos olvidadas. Alejado de la práctica de la religión desde hacía años, aquella tarde comprobé que mi fe en el diablo, y en la encarnación del mal seguía intacta. La vieja arqueología irracional de mi infancia tenía las paredes enteras, revestidas del mismo lujo de imaginación con el que fueron construidas. Habitamos un mundo en el que la fuerza hipnótica del mal, su capacidad de seducción y de dominio de las conciencias es sólo comprensible cuando situamos detrás un ser dotado de la pureza absoluta de lo diabólico. Hemos visto demasiadas cosas como para comprender de golpe, sin asomo de duda, que el mal se puede travestir con los uniformes del bien y los hábitos de las buenas intenciones. Hay hombres capaces de provocar el rencor y la discordia con discursos cargados con la dinamita de las buenas intenciones. Una sombra me sacó de mi ensoñación. En el tiempo que duró nuestra charla tres personas que pasaron junto a nosotros habían dejado en el aire sus saludos dirigidos a aquel rincón, sin mucho interés, de forma rutinaria, casi desmayada. La última había sido la más entusiasta.

—Se ve que viene mucho por aquí. Yo también, pero no le recuerdo haber visto nunca.

—Unos son clientes, otros colegas. Nos gusta pasar desapercibidos, preferimos que no se hable de nosotros.

—Tienen aquí un buen campo de trabajo.

—Sí, aquí hay mucho fracasado. El éxito, en contra de lo que se pueda pensar, no nos interesa. La derrota del caído nos resulta más familiar. Cuando un humano triunfa siempre cree que su ascensión se debe a sus propias fuerzas y talentos. ¡Ingenuos! En la cumbre es donde se cometen los grandes errores. Se cambia de mujer o de marido, pensando que se va a encontrar otro mejor, se administra la sexualidad con una generosidad frenética, porque el triunfador siente la necesidad de reproducirse para clonar su excelencia, se adquieren las grandes manías y los gustos más espantosos. El vicio es triste, pero en el éxito esa tristeza no se nota. Sin embargo cuando fracasa, el hombre se echa en brazos de cualquiera que le asegure un regreso a los beneficios de los grandes momentos. Ésa es una hora crítica. Tenemos que llegar antes de que nuestro enemigo les garantice la tranquilidad de espíritu y conciencia. Es nuestro estilo, nuestro marketing: ser rápidos, y ofrecer un plan sin esfuerzo, un cómodo descenso al infierno. A ustedes les han convencido desde la escuela de que las almas vienen a nuestro mundo después de un juicio en los cielos: la vara de la justicia separaría los justos de los pecadores. La realidad es muy diferente. Ya verá que nosotros no aceptamos todo lo que nos llega. Somos selectivos, muy selectivos. Procure analizar todas las versiones.

—Supongo que estos días no dan abasto.

—No nos interesa la política, si es lo que me quiere decir. Los asuntos públicos no son de nuestra incumbencia. Como dijo un personaje de ficción: «La simple naturaleza humana es más importante, más grandiosa y más trágica que todas las cosas públicas».

—Ese mismo personaje asegura que «la justicia sólo existe en el infierno». No me valen sus casos, no estoy de acuerdo, no me sirve el testimonio de un asesino.

—Me complace que tenga en cuenta los elogios que recibimos. No es muy habitual, más bien extraño.

En los últimos meses había pasado de todo, y había registrado todos los grados de la miseria humana. La vida de muchos había cambiado en tan sólo unas horas, unos minutos. Un relámpago de terror había barrido vidas y personas. Una tromba de espanto había aniquilado haciendas, fortunas y proyectos. Otros habían sabido aprovechar aquella confusión para encontrar nuevas oportunidades. Hoy todavía me sorprende el crédito con el que aquella tarde de mayo recibí aquel mensaje, aquella información. Pero el contexto hacía verosímil cualquier giro de la realidad. En mi vida reciente había escenas muy parecidas a la que estaba viviendo, casi calcadas con carboncillo. La única diferencia es que este presente se desarrollaba en un tono y en un clima de exquisita educación, frente a la brutalidad babosa y la euforia chulesca de otras citas más desagradables aunque menos trascendentes. Incómodo con el recuerdo, me removí en la silla. Por un instante tuve la sensación de que nos conocíamos de toda la vida. Sólo con alguien familiar son soportables los largos silencios. Con él parecían normales diálogos sin palabras. Sacudí mi mente para evitar un camino mental paralelo al de aquel ser. La moderna teología, certificada por Wojtyla, dice que el infierno no es un lugar físico, sino más bien una situación, el sufrimiento por una privación. Era importante determinar cuánto tiempo iba a durar aquella situación, acotar el castigo, establecer una esperanza en el calendario y verla crecer.

—¿En qué plazo? —Nada se hace largo si nos anuncian el final. Necesitaba saber cuánto iba a durar este tránsito; no hay peor condena que la que no tiene un final establecido—. Si me dice la duración, los meses y los días, todo será mucho más ligero. No estoy pidiendo indulgencia, solamente información. Hasta los políticos la tienen: saben que su aburrimiento durará como máximo cuatro años.

—No hay fechas ni plazos. Tómese el tiempo que quiera. No tenemos prisa. No sufrimos estrés. Sólo nos importa la persona. Tendrá que pasar por unas cuantas pruebas. Irá sabiendo en qué consisten poco a poco. Si consigue salir de este pequeño infierno terrenal no tendrá ninguna garantía de que no volverá a caer. Nos gustan los reincidentes. Es más, si consigue superarlo pasará a ser un cliente VIP, una presa codiciada sobre la que volver una y otra vez. Pronto se quedará solo. Lo primero que hará es volver a televisión. Usted sabrá cómo, porque nos consta que seguridad tiene órdenes de no dejarle entrar. Déjese llevar. Verá qué diferentes son las cosas vistas desde el otro lado. Demuestre que sabe salir de esta situación, encuentre las reglas necesarias, abra los ojos, y descubra las normas ocultas para escapar del infierno y le confesaré mi admiración con el premio de tentarle de por vida. Es mejor que no oponga ninguna resistencia. Nos veremos, aunque quizá no tenga el mismo aspecto. Antes de volver a verle echaré un vistazo al GQ.

—Tenga cuidado. Afine bien su imagen, de lo contrario le puede pasar de todo.

—No será nada nuevo. ¿No cree? ¿Sabe?, hemos conseguido crear caos y conflicto con una gran dosis de buenas palabras. Hemos descubierto el marketing. Nunca habría imaginado que se podía ser tan eficaz con técnicas tan inapropiadas. Esto es muy útil porque crea un alto grado de confusión, así es imposible que alguien que no está preparado sepa distinguir entre la bondad y la maldad. La evolución ya no es un privilegio exclusivo de los humanos. También nosotros nos adaptamos al medio, es más, somos capaces de crear nuestro propio medio. Antes éramos una empresa que miraba hacia dentro, pero un día alguien de entre nosotros descubrió los libros de Peter Trucker, y comenzamos a gestionar nuestros activos con una mentalidad mucho más eficaz.

—No me suena, ¿quién es?

—Murió hace unos meses. Quizá se quede con nosotros. Le pagamos más, y en nuestra casa es más necesario que en la otra. Aquello no es una empresa. Peter Ferdinand Trucker nació en Austria y se le considera el hombre que revolucionó la gestión empresarial. Sus obras son una referencia obligada en nuestra biblioteca: *Trucker esencial*, *Desafíos del siglo XXI*, *Trucker básico*, *El método Trucker en 12 lecciones*, *Trucker y sus 12 apóstoles*, *Truckeando en la aldea global*, *Trucker versus Trucker* o *El marketing en la sociedad poscristiana*. Sin él Bill Gates hoy sería un jugador de billar vestido como un camionero de Kansas, un analfabeto de la era digital. Sin el método Trucker nuestra industria estaría todavía en la era del carbón y el agua hirviendo, un atraso intolerable. Él cambió nuestra mentalidad y nuestros métodos.

—Lo consultaré. ¿Conoce *¿Quién se ha llevado mi queso?*

—Aficionados. Trucker le conviene, es el mejor.

—¿Me servirá?

—No todos pueden ser Trucker.

—Ni lo pretendo.

Dicho esto se levantó, recogió el libro («Lo leeré con mucho interés», dijo) y se marchó después de desearme suerte. Yo también se la deseé y en el momento de hacerlo me di cuenta de lo absurdo de aquella despedida. Pero cuando quise reaccionar era tarde. No me dio la mano, yo tampoco se la ofrecí. Desconozco la temperatura corporal de los diablos, y la textura de su tacto. La bibliografía sobre el tema tampoco me ha aportado ningún detalle nuevo. No recuerdo haber sentido una sorpresa profunda. Como tantas otras veces en mi vida, me extrañó mi reacción fría, sin pasión, como si todo aquello no fuera más que la confirmación de una enfermedad, el nombre científico con que el médico precipita un diagnóstico a partir de esos síntomas que nos son tan familiares, tan íntimos.

Nadie como nosotros conoce nuestro mal, pero esperamos a que la medicina lo descubra, lo nombre, y le dé una dimensión apropiada, manejable, catalogada. Desde entonces, he vuelto muchas veces al salón del Villamagna, y siempre he recordado aquel encuentro para el que sólo hallo una explicación formulada con una frase de los clásicos: una potente imaginación crea sus propios sucesos. Hacía frío aquella noche, y sin embargo era mayo. Había anochecido, y el reloj marcaba ninguna hora: mi tiempo había caído en el ridículo. Desde aquella tarde tengo dificultades para separar lo real y el sueño, sufro «Esa perplejidad de la mente que los sueños demasiado vivos dejan tras de sí» (S. T. Coleridge). El jardín exterior era un área desolada. Dos taxis esperaban clientes. El portero, inmóvil, no abrió la puerta de cristal. Ya no era nadie. La calle estaba vacía. Tampoco la calle era nada. Una sombra, apoyada en un bastón, cruzaba la Castellana desierta. En aquel instante tuve la sospecha de que había pasado la tarde junto a un ciego.

2

«Si me sigues, todo esto será tuyo»

> El alma no ve nada que no la aflija cuando piensa.
>
> BLAISE PASCAL

> En el purgatorio los hombres hablan mucho. Se callan en el infierno.
>
> ELIAS CANETTI

> El infierno es ese lugar donde te dan las respuestas antes de que hagas las preguntas.
>
> CHARLES BUKOWSKY

No dormí, ni aquella noche ni la siguiente. Desde entonces mi sueño es diferente, más ligero, incluso desconfiado. Un profundo desasosiego me impedía cerrar los ojos. Nunca me había pasado. Hasta entonces me apagaba diez minutos después de acostarme, con la inocencia y la facilidad de un niño, pero aquel encuentro había despertado en mí una inquietud infatigable. Desconocía el alcance de aquellas advertencias. Eran demasiado frías y precisas para ser una broma; demasiado concretas para ser obra de un loco. El infierno, mi infierno, era algo cierto. Hasta entonces no lo había querido ver. Hasta entonces la presión había sido una losa. La sensación de alivio temporal por no tener que pasar a diario por la televisión enmascaraba una realidad cruda, nítida, transparente: el ostracismo, la falta de objetivos, ni un periódico en el que escribir, las agresiones verbales de algunos energúmenos manejados por aquel abominable Eleuterio y la certeza de que todo el que te da la mano siente que está saludando a un muerto, como si hubieran leído una versión de tu necrológica en el periódico que llevan en la mano. Te ven difuminado, desenfocado. Después de aquel encuentro en el Villamagna pasaba largas temporadas en casa, encerrado entre libros, escribiendo sin parar, sumergido en ciudades del Renacimiento, o hipnotizado por esos juegos de la nueva cultura que son las aventuras del vídeo a través del ordenador. Probé desde *El señor de los anillos* a las carreras de coches. Me aficioné a esas creaciones virtuales. Se trataba de aprender nuevas reglas, ahora que las que yo conocía habían saltado por los aires, reventadas en un fracaso estrepitoso. Vivía en una región profunda, lamentable.

El infierno es cuando un conocido te ve por la calle y tiene la duda de haber leído tu esquela hace unas semanas, con el homenaje siempre exagerado de tus íntimos. De repente el tiempo pasa lento, y los días se hacen eternos mientras el futuro desaparece, se estrecha hasta llegar al borde del presente, y el tiempo inmediato es como el asomarse a un abismo, a un inmenso acantilado. Te sientes confuso y perdido como el capitán de *La línea de sombra*. El infierno es también cuando ni los amigos se atreven a ofrecerte un trabajo, porque creen que alguien privado de la vida no lo necesita para subsistir. Un muerto no requiere alimentación ni oxígeno, tan sólo un corte de pelo y un arreglo de uñas, porque dicen que crecen después del óbito, algo que un viejo amigo médico niega, así que quizá ni eso. En este caso uno necesita un plan de resurrección. El problema es cómo conseguirlo.

Uno no ha cambiado; ha variado el contexto. Eso es todo. Los primeros días no tenía el más mínimo indicio de cómo emprender esa aventura nueva para mí. Me dediqué a leer cuentos y memorias de Sergio Pitol, y un par de novelas de Philip Roth, *La conjura contra América* y *Pastoral americana*. No es literatura para insomnes, pero es que no tenía experiencia en el caso y no sabía cómo tratarlo. La victoria de los pronazis en las elecciones a la presidencia de Estados Unidos no ayuda precisamente a conciliar el sueño. La decadencia de una familia modélica, combinación de músculo deportivo y belleza, que tendrá que asumir la actividad terrorista de su hija, tampoco. Son ideas que no sirven para hacer ficción en España, porque aquí la realidad es tan intensa que supera cualquier delirio.

No dormía pero tuve pesadillas, producto de una imaginación torturada. Una de ellas se repitió las dos noches, con más nitidez en la segunda. Sentado en un sillón de mimbre como el de Emmanuelle, con un fondo azul celeste como el de algunos cuadros del Veronés, vestido con una camisa de cuadros azules y blancos, y una corbata azul, Paulus F. Trucker mordía la patilla de sus gafas, me señalaba y se reía. Una sonora carcajada escapaba de su boca mientras se retorcía de risa. El sillón crujía por las convulsiones, y el anciano gritaba: «¡Estás atrapado, estás atrapado!». Ustedes se preguntarán cómo sabía yo en aquellas horas de la madrugada que aquel hombre de rostro sano y pelo blanco era Trucker. No lo sabía. Lo supe después. La edición española de *Trucker versus Trucker*, un manual de autoayuda para ejecutivos que bordeen la esquizofrenia y no tengan tiempo de recibir al psiquiatra en su despacho, incluía en la contraportada una fotografía del autor. Era exacto a como yo lo había visto. Quizá no fue una pesadilla, sino una aparición. Desde entonces guardo su imagen en un lugar visible. Ésa es la función de las estampas: uno tiene el rostro a mano, y así evitas el susto de que se te aparezca en el momento más inoportuno.

La foto mostraba a un hombre de unos sesenta y cinco años, moreno, con el color bronce que lucen los que viven todo el año en California o en Miami. Trucker está sentado en un cómodo sofá, quizá el mismo desde el que dictó sus famosas *Lecciones para escapar de la quiebra*. El autor sonríe amable a los posibles compradores de su obra, mientras sostiene en sus manos, con gesto coqueto, unos lentes con montura de concha. A sus pies descansa un precioso terranova de color marrón con una gran cabeza ancha, maciza y redondeada. ¿Sería un símbolo, una metáfora sobre el salvamento de los náufragos al que se dedicó en el siglo XVIII esta magnífica raza de canes? Lo único que no estaba en aquella foto era el sillón de mimbre. Hojeé aquella obra en un Crisol, pero no la compré porque en los anaqueles de aquella cadena no tenían bien valorado a aquel gurú visionario, y no me gustó aquel desprecio ignorante, uno más de aquellos extraviados. En Crisol se centraban en el inventor del anagrama ZP, un fracasado si nos atenemos a los resultados y al manejo que se hacía de aquellas dos letras en las pancartas callejeras. La sigla permitía unos pareados horribles. Me fui a la Casa del Libro, donde encontré diez obras de Trucker, una detrás de la otra. Las compré todas, y me puse a estudiar. Tenía en mis manos al asesor de lujo de General Motors, al hombre que había hecho posible el ascenso de Bill Gates al imperio de la informática, al profesor de la Escuela de Comercio de Harvard. P. F. Trucker era todo un líder intelectual avalado por sus resultados. Había solventado tantas crisis que quizá aquel fuera el remedio de mis males. Todas tenían un sabio análisis de la realidad y nítidos consejos.

Por un instante pensé que se trataba de una errata, que el apellido que debía figurar en la cubierta del libro debía ser el del auténtico Drucker, el gran sabio del «management», pero una señorita vestida de amarillo y con aspecto físico de ser adicta a la halterofilia me dijo con rostro decepcionado que no. Debe ser por tanto un impostor, alguien que se acerca con una variante morfológica, al calor de un apellido importante. La mixtificación me gustó, y me lancé a sus páginas con voracidad.

La sabiduría de Trucker tiene la brillante sencillez de las verdades de Perogrullo, pero exprimidas como el zumo esencial de un minucioso examen de casos. Comprenderle me costó más de dos tardes. Así supe por qué nunca llegaría a presidente del gobierno: necesitaba demasiado tiempo para asimilar verdades tan simples. Una vez leído Trucker supe tres o cuatro cosas: tenía que gestionar mi tiempo con eficacia, debía marcar mis objetivos, mi éxito dependía de quienes me rodeaban (colegas, subordinados, es decir, nadie), y tenía que aprender a ver en los cambios rápidos un terreno lleno de oportunidades. Esto último me pareció muy italiano. Lo dice un personaje de la película *Mediterráneo*, cuando se plantea la idea de volver a Italia, con la guerra terminada: «Vamos, el país está en el caos, hay un montón de oportunidades».

La fortuna o el fracaso dependen en sus lecciones de las respuestas a algunas preguntas muy sencillas, cuestiones todas propias de la mentalidad práctica de los americanos. Trucker es vienés, y por eso se hace extraño que no cuestione a los lectores sobre el deseo oculto de matar al padre y acostarse con la madre. El gurú tiene otro estilo, e invita a sus seguidores a formularse algunas preguntas: ¿cuáles son mis puntos fuertes?, ¿cómo me desenvuelvo?, ¿soy lector o prefiero escuchar?, ¿soy activo o pasivo?, ¿cómo aprendo, si es que aprendo?, ¿soy un lobo estepario o prefiero el trabajo en equipo?, ¿cuáles son mis valores?, ¿a quién pertenezco? De las primeras respuestas a aquel cuestionario deduje que pertenecía a la televisión por antigüedad y algunos méritos, no muchos, así que me marqué el objetivo de volver, porque el éxito depende de que uno haga lo que sabe hacer. Esto lo dijo Coco Chanel, que no leyó a Trucker porque no fueron contemporáneos. Quizá fue Trucker quien se inspiró en la francesa, o más bien expiró pensando en ella.

No tenía estrategia para lograr ese objetivo, así que esperé a que alguien diera el primer paso, y lo dieron. Otro vienés, Viktor Frankl dijo otra frase certera muy útil para una circunstancia como la mía: «Si hay un porqué no importa el cómo», y en mi caso siempre ha habido al menos un porqué, y en ocasiones varios. Empecé a coleccionar algunas frases. Debió de ser por mi formación de periodista, por mi manía de buscar titulares en cada historia. Comencé en la facultad, cuando un profesor de estética nos provocó con la idea de que toda novela se podía resumir en una frase. Según aquella teoría, los tomos de *En busca del tiempo perdido* se podían sintetizar en una oración:

«Proust se hace escritor». Mi tarea consistía, por tanto, en buscar mi frase.

TENTACIONES

Aquella semana comenzaron a sonar los teléfonos con las primeras ofertas de trabajo. Desde que dejé la española (la televisión), había comenzado a escribir, sin más prisa que la de terminar antes de julio un libro que había ido alimentando desde hacía algunos años. Aquellas llamadas me obligaron a salir de mi refugio, con la inseguridad del preso que da sus primeros pasos en la calle, y no sabe cómo funcionan las cosas, cuál es la regla que impera y quién es el que manda de verdad en la nueva situación. Poco a poco fueron llegando propuestas. La más urgente consistía en utilizar mi caída en desgracia como cebo, como carnaza, para una operación de derribo, otra cacería mayor, una más.

Por aquellos días ya circulaban unos cuantos libros con poca información y muy mala baba. Una editorial me hizo llegar a través de un intermediario la oferta para escribir una obra singular. Tenían el título y seguro que una estimación de ventas millonaria. El contexto era el adecuado. El libelo se habría titulado «La irresistible ascensión de los Ortiz Rocasolano». Una carcajada interminable advirtió a mi interlocutor que no tenía nada que hacer. Yo no era el hombre ni aquél era el título: «No creo que haya habido ascensión —le dije—, y si la hubiere, yo sé que no existe ninguna que sea irresistible, por tanto no tiene sentido escribir de este asunto. El título es una hipótesis arriesgada de lógica imposible. El anticipo es atractivo, pero todo esto no es más que un disparate ofrecido a la persona menos adecuada».

En unos segundos brilló en mi mente la corriente de consecuencias que aquello podría provocar. Aquel encuentro del Villamagna había agilizado mi capacidad para ver la cadena de desastres, tropiezos o beneficios que podía reportar una determinada acción, la trenza del destino, sus derivadas más alejadas, sus bucles más insospechados. El infierno al que estaba condenado estaba lleno de canallas. Quizá a mí también me incluían entre ellos, pero hasta en el fondo del precipicio hay que tener un poco de decencia y buena educación. Aquello era excesivo, torrencial: imaginaba una cadena interminable de llamadas airadas, broncas monumentales, portavoces agorilados, y una fauna de pájaros iracundos soltando improperios como las cotorras que invaden desde hace años los árboles de los parques de Madrid.

Del otro lado, la gloria: programas, artículos, colaboraciones, un puesto de referencia en la familia política, y de ahí el salto a la política familiar que no hay más que un paso de liana a veinte metros de altura. Todo aquello lo ponía alguien al alcance de mis pies con una extrema generosidad, con el perfume de los coches nuevos. Pero yo había entrado en un tiempo diferente, en una forma de medirlo extraña. «El futuro —escribe el narrador en una novela de Rodrigo Fresán— es el privilegio de los que pueden permitirse pensar en el futuro, y son pocos, cada vez menos; y son los que hace apenas unos meses han descubierto que el futuro es mucho más breve de lo que se supone o se suponía. El futuro se acaba, se contrae. El futuro es una especie en extinción, y se parece cada vez más al presente y falta menos para que sólo sea pasado.» (*Vidas de santos*). Entendí que aquélla era una característica esencial del infierno, o de la condición infernal: el futuro desaparecía tras una pared de cristal. Hoy todavía estoy seguro que aquella oferta tenía que ver con mi encuentro días atrás en el hotel.

Los perros habían comenzado a trabajar. El que baje al infierno debe saber que el mercado lo aprovecha todo y que todo es susceptible de convertirse en dividendos. No importa en qué lugar se encuentre uno, todos tenemos una historia, todos podemos ser convertidos en personajes, más o menos atractivos, con más o menos vis comercial. Todos podemos ser líderes, era una idea que Trucker había tomado de la Compañía de Jesús, después de quitarle el barniz espiritual. Basta con controlar el contexto, tener objetivos claros y dejar caer un par de sugerencias en los buzones más adecuados. Enseguida llega la respuesta. Ése será el momento de negociar. Si además se tienen ideas, un capital que escasea en la vida nacional, uno puede salir airoso de cualquier circunstancia. Los caminos son muchos, las oportunidades diversas, el final casi siempre trágico. Si te dejas llevar puedes obtener pingües beneficios, pero también debes ser consciente de que pueden hacer de ti un juguete roto, un cadáver colapsado por una sobredosis de ego, pereza y vicios.

Más de uno ha terminado en la bañera, descubierto cadáver por una asistenta que lleva meses sin cobrar. Se entra en la rueda y el mecanismo coge velocidad: un libro escandaloso y dos programas de corazón bien cotizados (o a la inversa) y haces el año. Luego repites con una exclusiva, te internas en una clínica para perder peso, simulas una adicción al pegamento, o quizá la tienes, quién sabe, y a la vuelta de tres semanas vuelves a la carga, administras tus apariciones, y en dos o tres rondas algunos pagan las letras del chalet. La intensidad de tu vida depende del volumen de impagados al que tengas que hacer frente. Se tienen más escándalos cuantas más letras se debe.

Este camino tiene varios inconvenientes y algunos riesgos. Uno de ellos es que si alimentas mucho a la bestia pronto aparecen los parásitos simbióticos: aquellas estrellas fugaces que se hacen famosas en una semana y luego desaparecen en el olvido con un vídeo bajo el brazo y seis mil euros que vuelan en unas vacaciones y dos juergas. El mecanismo es sencillo: se inventan una noche contigo, dos detalles de tu intimidad, un juicio escéptico sobre tus capacidades, y cobran un potosí por sentarse en medio de una jauría entrenada para sacar el máximo beneficio y la más rápida rentabilidad de los euros pagados por la emisora para disponer en su escaparate de una carne sanguinolenta y un rebaño de moscas ávidas de un pasto tierno.

El juego es nítido, y quien a estas alturas se declare engañado o sorprendido es un cínico monumental. Esto lo sabe quien participa en los programas y quien los ve. Luego lo llaman basura, pero hay una legión de rebuscadores, porque en España siempre ha gustado contemplar la vida desde la mirilla, y evaluar las coladas de las vecinas para adivinar su vida por la calidad y el desgaste de su ropa interior. Lo dice un buen amigo: si quieres saber cómo vive de verdad tu vecino, más allá de sus fantasías, de sus exageraciones, de sus mixtificaciones, mira su basura. En la basura está todo: los vaivenes de la salud, los caprichos de la fortuna, los fracasos, algunos éxitos, el sexo estéril. No pretendo ser moralista. Sacar la basura es bueno. Como dice Canetti: «Una sociedad en la que no hay excrementos es una sociedad en la que todo se disuelve en el cuerpo, llena de gentes sin sentimientos de culpabilidad, sonrientes» (*Carnets*).

En aquellas semanas llovieron las ofertas para escribir sobre la princesa Letizia. Algunas propuestas eran honestas, otras estaban pensadas para hacer un superventas eléctrico y escandaloso, un libro que para triunfar en las listas de superventas no debía tener el más mínimo parecido con la realidad. Ninguna prosperó porque entonces ella no tenía todavía biografía, y porque a mí no me dio la gana. Su vida pública empezaría el 22 de mayo de 2004. Ese día nació una princesa y murió una periodista llamada Ortiz Rocasolano, Letizia. La fuerza de los hechos y su capacidad de aprender han terminado por eclipsar un pasado que no tiene nada de extraordinario. Su vida antes de palacio transcurre en el seno de una familia de clase media, con experiencias laborales diversas, y una peripecia sentimental muy común en estos tiempos. El presente y el futuro han impuesto su ley radical.

ESCENAS CLANDESTINAS

La segunda llamada vino del director de una televisión, un personaje que un moderno escritor habría definido como «chejoviano en su indefinición e inutilidad». Me citó en un restaurante de carretera, un local alejado de la ciudad. No lo hizo él, sino una secretaria. Necesité mapas y paciencia para encontrar la salida y, después de vueltas y giros por caminos desiertos, dar con el lugar. Aquel punto no formaba parte de la ciudad, sino de uno de sus arrabales secretos, ocultos. Al bajar del coche pensé que aquello no podía ir en serio.

El restaurante ocupaba un caserón destartalado, rodeado de filas de álamos y cipreses, oculto a la curiosidad. Dejé el coche bajo una tejavana recalentada. Al otro lado del aparcamiento ladraba una jauría de perros, asfixiados por el calor de una choza seca y polvorienta. El dueño mantenía un criadero de canes que cada vez que llegaba un cliente armaban un enorme escándalo de aullidos y babas. Así que uno podía tomarse un conejo frito a las tres de la tarde, y volver a casa con un lebrel para espantar perdices, y todo eso sin salir del límite de la provincia, entre encinas, chicharras y vías rápidas. Es un viejo truco de los que vuelven a casa borrachos. Llevas un podenco, por ejemplo, y la familia se distrae con el perro, o discute la elección, y así el exceso alcohólico pasa desapercibido, porque los niños atribuyen a la bondad del padre la elección del can, y no pueden creer a la madre que sospecha la intoxicación etílica como origen de la zoofilia. La combinación de perros, morteruelo, vino manchego y orujo ha procurado así grandes negocios y algunas revueltas familiares.

En Madrid, la elección de un restaurante para almorzar supone todo un código de mensajes. Si uno quiere que le vean, si quiere exhibir su cita como un triunfo o como un indicio inquietante de proximidad al poder, se va al Club 31, o a Horcher, o frecuenta el Wellington. Un almuerzo en uno de los grandes escaparates tiene un valor añadido que nadie desprecia. A la hora de elegir, se piensa en quién te puede ver. Si la mesa tiene una composición atractiva es seguro que acabará en las páginas electrónicas de algún confidencial de internet. Vas a comer y cuando regresas a la oficina media España sabe con quién has estado. A esos lugares no se va a comer, se va a que te vean. Cuando en la infancia colmábamos su paciencia como barrabases, mi madre siempre nos advertía que terminaríamos en las columnas que el *Diario de Navarra* dedicaba a las gacetillas. Aquéllas eran un relato de sucesos menores, heridas, contusiones, accidentes, o gamberradas. En aquellas letras de molde salían los peores ejemplos de cada casa. Siempre que voy a esos lugares me acuerdo de aquella premonición tan clarividente.

Si se quiere discreción hay mil posibilidades. La que me ofreció aquella tarde aquel director alcanzaba el rango de la clandestinidad. Me sorprendió, porque aquel hombrecillo con aspecto de monaguillo nunca había tenido una vida política oculta. Un guionista de cine habría situado en aquel local de carne frita y sopa castellana un trato entre ganaderos, un negocio de proxenetas, un tráfico de coches de lujo robados en países del Este, o la cita entre un empresario del textil y una cajera de hipermercado (si les parece un ejemplo sexista le pueden dar la vuelta, es decir una directora de televisión y un cajero de carnicería), un anticipo de manteles de cuadros y aceite grueso antes del lujo lubricado de la lencería. Hasta mis últimos encuentros con macarras con siglas de partido centenario se habían celebrado en lugares decentes, a la vista de todos, con moqueta gruesa y mullida. ¡Qué bien saben apreciar los salones, la tapicería, el té con pastas y la prensa gratis! Insisto en que fue él quien eligió el lugar y la circunstancia, quizá también para revelar un gusto oculto por lo marginal, por los sabores y las pulsiones más rústicas de la vida. Obviamente aquello no iba en serio. Estaba a punto de asistir a una función teatral, algo así como *Las sillas* de Ionesco. Entré con paso inseguro y vacilante. Cuando llegué el directivo ya estaba sentado, con una caña de cerveza y un plato de aceitunas aliñadas con ajo y huesos masticados, como si llevara toda la vida comiendo en aquel lugar, mimetizado con aquel decorado, con aquel menú de recio sabor castellano. Me saludó. Su mano estaba fría, como si yo estuviese muerto.

Le dejé que se explicara. Tenía aspecto de monaguillo republicano. Era un transitorio reiterativo. En eso detecté su condición de habitante del infierno. Me relató los antecedentes de aquella entrevista, su currículum moral desde los tiempos de la transición, época mítica en la que encontraba sus leyendas de juventud, años en los que había crecido su yo más heroico. En la España de Rodríguez, un individuo que recuerde la transición es un derechista irredento, un imbécil que se ha creído lo de la reconciliación de las Españas y las buenas intenciones de la izquierda, un pobre diablo que confía en el progreso intelectual de las sociedades. Podía estar de acuerdo con mi compañero de mesa, pero lo que me molestaba es que repitiera su discurso a alguien que no lo necesitaba. La transición había caído en el desuso. Hanif Kureishi definía la década de los ochenta como ese tiempo en el que «la desechabilidad lo había impregnado todo, incluso el amor». En menos de un bienio ZP había conseguido que la transición fuera un mito desechable para buena parte de la izquierda que no creía en España como tampoco creía en nada. Para inutilizar aquella Constitución del 78 comenzaron a difundir la idea de que el texto se había escrito bajo presión de los sables, con ruido de botas militares en el pasillo, atemorizados por el paso de la oca vigilante de los zapadores que presionaban para que el texto fuera timorato, mojigato. Había llegado el momento, más de 25 años después, de llamar a las cosas por su nombre, de abrir la gabardina y mostrar las sinceras intenciones con un exhibicionismo que en otro tiempo había sido imposible porque te aplicaban la de vagos y maleantes. La Constitución era hija de una violación militar en un portal de la Carrera de San Jerónimo. Había llegado la hora de ser adultos y romper la nación y las reglas del juego.

Los que creímos y participamos en un proyecto permanente de libertad para España nos sentimos estafados. La referencia temporal más citada en los debates del Congreso de los Diputados, en los escaparates de las librerías y entre cierta prensa progresista, volvía a ser la república, aquel régimen sectario hundido por el terrorismo, la intolerancia laicista, y los forúnculos revolucionarios de uno y de otro signo. Es la moda. El resto ha sido un paréntesis. Ahora tratan de recuperar un régimen y un clima ambiental que sólo han conocido por relatos legendarios, basados en la mentira y en la mixtificación. Así por ejemplo algunos documentales de televisión han extendido la idea de que la gran oposición al régimen de Franco estuvo formada por la militancia socialista, cuando este partido apenas contaba en el año 74 con un millar de militantes que cotizaban. Aquellos productos televisivos se difundieron en la etapa de Aznar, una prueba más de la naturaleza desmayada de algunos directores. Ese renacimiento airado crea sus propios personajes a imitación de algunos conocidos. Así la nueva Pasionaria sería una Manuela de Madre, iletrada y voluntariosa, capaz de situar el nacimiento de la Inquisición en el siglo XIX, y de entonar en la tribuna de las Cortes Generales una versión del «No pasarán» que ahora se denomina «¡No me echarán de Cataluña!», como si alguien hubiera ido a buscarla a casa para ponerla en la frontera de Aragón.

Los nuevos ricos de la política querían estrenar casa y coche sin haber pagado las facturas, como pronto sabríamos por algunas primeras páginas de la prensa más crítica. Volvía el perfil de la víctima y los agravios históricos a la niña que quiso ser bailarina y a la que Franco y su régimen diabólico habrían negado el tutú y las zapatillas. Si creyéramos en Freud podríamos hacer soberbios paralelismos. Su indigencia intelectual es indiferente a muchos. Lo importante no son los resultados sino las intenciones. Al fin y al cabo, como dijo José Bono, la prueba de que la madre de Simancas era una mujer decente es que no sabía leer. ¡Viva la curtura!

Aquel recuerdo de su tiempo mítico que había que rescatar para luego continuar la obra pendiente lo resucitaron mientras Aznar gobernaba la nación con mayoría absoluta. Se pasaron meses cavando para componer las piezas de la arqueología de aquella época. Pero los restos nunca salen limpios y ahora no hay quien pare esa corriente, porque España cuando se pone a la Guerra Civil se pone en serio, y porque las izquierdas, que no saben dónde van, quieren recordarnos al menos de dónde vienen, sin darse cuenta de que cada vez que lo hacen nos inspiran el mismo terror que sembraron en la Europa del siglo XX con las checas, los progromos, y la colectivización. Hoy todavía son capaces de pedir cárcel para un intelectual que sitúa el inicio de la Guerra Civil en la llamada «revolución de Asturias», mientras alaban a todos los nostálgicos que se niegan a llamar a Castro dictador.

Pero hagamos sitio a nuestro encuentro. Después de un churrasco carbonizado en platos de barro, mientras sudaba copiosamente, *il direttore* me soltó su oferta para que me hiciera cargo de las noticias de la tarde-noche. Era evidente que no se trataba de una iniciativa suya, sino de un ofrecimiento por delegación, apremiado por algún preboste que le habría empujado a encontrar en aquella fórmula la solución a una crisis de audiencia que ya por entonces enseñaba sus garras, mientras el pueblo de la tele emigraba a otras pantallas más modernas.

Ante estas situaciones, lo mejor es callar, dejar que el contrario hable y busque argumentos. Algunos acaban creyendo sus propias mentiras. Su afán por explicar que aquélla era una idea suya de la que estaba orgulloso, dispuesto a defenderla ante cualquier tibio, era como los manotazos del desesperado que cae por un tubo de cristal, incapaz de clavar las uñas y los dedos en ningún resquicio de la superficie deslizante. Caía y caía y el paracaídas seguía cerrado. Sé que es cruel, pero se disfruta. No es más que un rato, y luego todo acaba, y no tiene más consecuencias que las de poder disfrutar de la comida mientras el que tienes frente a ti padece el ahogo de su mente. ¡Aire, aire, que me diga algo! Silencio, no hay respuesta, todo en su momento.

Un amigo que vivió durante muchos años en soledad mientras preparaba una edición de las obras completas de Antonio Gramsci desarrolló un método de sadismo contra los vendedores de enciclopedias. Les llevaba con habilidad y a través de muchas visitas, hasta el punto en el que el vendedor estaba convencido de haber cerrado el trato, y en ese momento, meses después de la primera entrevista, les negaba la firma porque había descubierto una errata en el tomo en el que se hablaba de su autor. La última sesión era una ceremonia ritual terrible. Algunos vendedores llegaban a llorar. Gramsci provoca estas patologías. Yo no fui tan cruel con el director, sobre todo porque sentía una intensa piedad por su figura, maltratada por la vulgaridad fascista de los sindicatos de su empresa, víctima de esa estrategia tan propia de la izquierda leninista de destrozar a la persona para reventar su argumento, perversión que practican sobre todo con quien no se puede defender. Antes de que su cuerpo se estrellase contra el suelo, el camarero llegó con un plato de natillas para amortiguar el golpe.

Hay regalos que muestran enseguida, antes de rasgar el papel, que dentro guardan una bomba de relojería. Se les ven los cables, y se escucha el tictac del temporizador. Hacia el final del almuerzo la oferta se hizo tan concreta como esas galletas maría que flotan en las natillas de los restaurantes de carretera con repostería casera. Me recuerdan a mi infancia. El repeinado reiteró su ofrecimiento. Aplacé la respuesta una semana, por no darle la satisfacción de salir de aquel antro levitando, libre de la pesada carga de soportarme, reconfortado como un niño que ha hecho bien el recado y corre a casa en busca de la aprobación de mamá. Se despidió deprisa, después de mirar el reloj varias veces con sus manitas de niño, sus dedos gordezuelos, juguetones, y antes de que tuviera tiempo de apurar el café. Quería salir solo. Yo tampoco tenía ningún interés en que me vieran en aquella compañía ni los canes, únicos testigos de aquel encuentro. Al darle la mano sentí un escalofrío y un destello de deseo en su mirada. Sus mofletes brillaban inflados por la grasa y el sudor. Volví a sentarme para tomar el café, y quizá un orujo que me quitara aquel sabor de carne quemada. El director fue tan discreto en su escapada que ni los perros ladraron cuando subió a su coche.

EN BRAZOS DE LA MUJER MADURA

En aquellos días, la boda de los príncipes fue un remanso de felicidad, y un reencuentro con algunas caras conocidas, y con otras olvidadas, ahora disfrazadas de sorbete de limón, vestidas como esas copas de helado que sirven en algunas terrazas de verano, con una sombrilla y una bengala. Estoy seguro que de no haber mediado algún gesto sobrenatural no me hubiera pasado lo que me ocurrió. Después de la ceremonia llegamos a las puertas del Palacio de Oriente en el caos provocado por la lluvia torrencial que cayó sobre Madrid aquella mañana. Nada más entrar, un oficial nos señaló una escalera alfombrada de rojo. Subimos y, al llegar a una encrucijada, nos abordó un miembro de la Guardia Real.

—Usted es amigo del príncipe. —Fue una afirmación más que una pregunta.

—Sin duda —respondí—. ¿Quién no lo sería después de haber sido invitado a su boda? —pensé.

—Entonces se deben dirigir al salón del trono.

El oficial debió leer en mi rostro la ignorancia sobre el camino que llevaba hasta tan ilustre estancia, y ordenó con voces militares que un subordinado nos acompañara hasta la puerta. Así lo hicieron, y en dos saltos nos presentamos ante un portón que dos manos enguantadas de blanco abrieron como si se tratara de una caja de sorpresas. Entramos, y al primer paso mi mujer me agarró del brazo consciente de que aquél no era nuestro lugar. Estábamos en un pequeño salón en el que podíamos divisar a toda la realeza europea, jóvenes princesas noruegas, suecas, la espléndida reina jordana, y las casas de Bélgica, de la Gran Bretaña y otras habituales del papel *couché*. A un lado de la sala estaba el gobierno saliente, al otro alternaba el entrante. Entre ellos, los presidentes autonómicos, algunos muy sueltos y desinhibidos, como el cántabro Revilla, que luego confesaría a alguna radio las intimidades del lavabo y la vecindad en el mingitorio con el presidente González. Para el recién llegado, mear al lado del presidente, ya desnudo de poder, disfrutar de la oportunidad de comparar atributos, debió de ser un momento de nivel que justificaba una boda como aquélla. Días después sorprendería a los redactores de la Corte con su llegada a otro palacio a bordo de un taxi. En lugar de comprarle un navegador a su chófer, Revilla le dejaba en cualquier gasolinera de la periferia de Madrid y llamaba al radiotaxi; así tenía la seguridad de que no se iba a perder en el laberinto de la capital. La sala era pequeña y Caldera, vestido por primera vez en su vida de frac y ministerio, buscaba manos a las que besar, y se llevó a la boca la de algún príncipe europeo, rozando algún momento infernal inolvidable. La víctima no relató la anécdota, prueba una vez más de que el exceso de educación y cortesía lleva al egoísmo, a no querer compartir esos momentos con nadie. El protocolo, como el inglés y la cocina, se deben aprender con tiempo.

Cumplido el rito de la foto de las familias, que vimos como pajes, desde un rincón, asomados a una puerta que se abría sobre un gran salón, bajamos hacia el patio donde se habían instalado las mesas para el almuerzo. Al comenzar a bajar la escalera, tapizada con una gruesa alfombra, di un mal paso y, en décimas de segundo, me vi en el aire, elevado, no por la gloria de aquel día, consciente de que aquella sería una caída golosa para los cronistas vestidos de frac. Pero aquella vez no caí. En mitad de la parábola sentí unos brazos poderosos que me agarraban por detrás, y una risa hueca como una bóveda abarrotada de palomas. La gran duquesa de Rusia me había salvado de un pescozón histórico, y siempre le estaré agradecido por aquella intervención ágil y ligera que evitó que diera con mis huesos en el mullido suelo de palacio. El destino jugaba a los caprichos. La misma providencia que había evitado que los bolcheviques exterminaran a la familia Romanov había situado a aquella mujer fuerte y madura a mis espaldas. ¿Qué hubiera pasado si los leninistas hubieran terminado su trabajo de matanza aniquilando a todos los descendientes del zar? Yo no soy ligero. Ninguna otra hubiera podido evitar mi caída sin causar también la suya en un revuelto de cuerpos escandaloso. Desde aquel día glorioso siento una fuerte atracción por las gordas, sus brazos robustos, su risa como una bandada de palomas aleteando en una bóveda, su seguridad de delantero de rugby. Lo hombres solemos mirar otros músculos, pero hay momentos en la vida en los que se nos revela que el más importante es el bíceps, una fibra muscular que no acepta los implantes de silicona porque su destino no es permanecer estático sino vigilante ante cualquier urgencia exterior. El bíceps de una mujer es un músculo acogedor y si es fuerte ofrece una seguridad que el macho sapiens hace tiempo que no es capaz de garantizar. Gracias a la fortaleza de la Romanov pude acudir al almuerzo. Tengo por norma no hablar de las viandas, y no pienso hacerlo, aunque habría mucho que matizar. La compañía fue insuperable. La tarde también. Pasado el ágape abrieron un salón para los amigos, y allí bebimos y reímos sin descanso hasta bien entrada la noche. El mejor momento de la tarde fue cuando la infanta Elena, una mujer de una simpatía arrolladora, se bajó del tronío de sus «manolos» como una cenicienta con los pies cansados de bailar. Era como una gitanilla con duende pisando el agua del río. Los demás dábamos palmas mientras vigilábamos el tesoro de sus zapatos. A eso de las nueve nos despedimos de los novios y la carroza real de un autobús nos dejó tirados en el bosque de Rosales, donde en lugar de un caballo, habíamos dejado enlazado en un plátano nuestro humilde utilitario.

Días más tarde caí en el despacho de otro director de televisión. No diré quién porque da lo mismo, y porque así nadie podrá sacudirse el incómodo relato de cuanto allí sucedió, aunque la probabilidad de que sea italiano es alta porque nuestra televisión está en manos de criaturas de Berlusconi, pequeños clones del primer ministro que posa en las fotos como un nuevo Mussolini. Yo admiro a don Silvio. Suele hablar con sinceridad. ¿Que no? Una tarde dijo que la televisión es como un tren. Los programas son los vagones, y los pasajeros son los anuncios, que deben ir cómodamente instalados en sus asientos. Nuestros italianos han traído lo mejor de los géneros televisivos: uno es el introductor en España de la televisión más zafia, la que persigue con cámaras de teléfono móvil, por las discotecas, a los famosos, para robar sus magreos y ponerlos en la sobremesa con ruido de exclusivas. El otro presume en la intimidad de ser comunista, mientras despide a redactores sin que le tiemble la mano y les advierte que si son de izquierdas no deberían trabajar en un medio de derechas. Ninguno de los que fueron despedidos sabía muy bien qué quería decir aquel bajito intransigente. Lo que sí supieron meses más tarde, es que ambos dos estaban dispuestos a rendirse ante el gobierno a cambio de unos millones de euros. La retirada tenía un precio, y se pagó.

Fue cuando llegó la Cuatro, emisora de Polanco, fruto de la recalificación. En un plisplás el gobierno de Rodríguez la convirtió de emisora rural en antena urbanizable. Los spaghetti pusieron el grito en el cielo. Se portaron como aquel mafioso de *Muerte entre las flores*, una película de los hermanos Cohen. En una escena el capo abre la cabeza de uno de sus sicarios a golpes de atizador. El soldado mafioso, un pichón ingenuo, queda tendido en el suelo, en medio de un enorme charco de sangre. El fuego arde en la chimenea. El jefe, con el rostro salpicado de rojo, exclama: «Ética, ética, aquí lo que hace falta es un poco más de ética». Con el mismo estilo, salieron a la ventana a protestar. El gobierno actuó rápido. Cogieron un buen pellizco de anuncios publicitarios de la tele pública y lo echaron al comedor de los mastines. Y comieron, y no pasó nada. Se olvidaron del recurso. Los comunistas (los italianos) son así. A esto se le podría llamar una nueva edición, hispana, del compromiso histórico. Dicen que la Cuatro fue un regalo de Rodríguez por el apoyo de Polanco, palanca fundamental para el asalto al poder, en la que se apoyaron para dar el golpe de estado entre el 11 y el 14 de marzo de 2004, primero para sembrar la sospecha, luego para llamar a las manifestaciones del 13 y, por último, para decir a la jauría que se retiraran, porque el gobierno buscaba un pretexto para declarar el estado de excepción.

Si la tele fue el cheque que le presentaron para cobrar los servicios prestados se trata de un grupo de insensatos que desconoce el valor de su colaboración. Estoy seguro de que hay algo más. Si se trataba de cobrar, Polanco podría haber pedido Repsol, o cualquier otra empresa solvente, fuerte y con beneficios, no un canal que no le va a traer más que una audiencia escasa, un montón de pérdidas, y un futuro incierto para alguna de sus estrellas que ya han empezado a decir que si lo suyo no sale bien, se van a casa. Más bien pienso que Cuatro es otro favor que el grupo le hace al partido, y que el pago por tantos servicios está diferido, o más bien oculto, y que lo de la televisión es una maniobra de distracción para disfrazar otros negocios. Polanco necesitaba la tele, porque sus otras fuentes de ingresos habían entrado en una tendencia descendente: el periódico perdía lectores a puñados, la radio no podía ser la palanca hacia el futuro, y en los libros de texto habían cedido el liderazgo por culpa, decían, de la enseñanza concertada, ¡siempre la mano negra de la clerecía detrás de las desgracias de la izquierda!

La caja B

Pero volvamos a la historia. Era un lunes, y hacía tiempo que durante una cena, y en presencia de otros, se había permitido el lujo de entregarme una tarjeta con gesto paternalista y de elevar la voz para que todos escucharan su «para lo que quieras, ya sabes dónde me tienes». La tarjeta decía «director de» junto al logotipo de una televisión. Así que esta vez se sintió obligado al menos a aceptar la cita y a no esquivar mi llamada con el pretexto de reuniones. Me recibió un lunes, con la resaca de las audiencias del fin de semana. Su despacho era grande, muy grande. A la izquierda de la mesa colgaban de la pared un conjunto de monitores donde se sintonizaba desde la televisión gallega hasta la CNN, milagro de la globalización. Pensé por un momento si el despacho del director de la CNN sería similar a aquél, con la misma disposición de pantallas, y el exótico detalle de contemplar en un rincón las emisiones de una televisión de Galicia. ¿Qué será autonómica?, se preguntará el yanqui. A la derecha, un enorme ventanal se abría sobre una autopista atascada de camiones, y más allá un mar de grúas, y unos pinos, y en el más allá la sierra. Al fondo, esta vez dentro del despacho, una mampara móvil cerraba la entrada a otra sala ocupada por una gran mesa de reuniones. Todos los despachos de directores de televisión que conozco son iguales. Responden a una adicción: los monitores todos encendidos, cada loco con su tema, y la trastienda, un poco secreta, un poco sombría, lo oculto y lo visible como un juego de las apariencias, donde lo más real es lo que se esconde, y lo menos tangible, lo que se muestra. Aquella segunda sala sería muy útil en este encuentro, pero también en otros pasados. Me invitó a sentarme, no junto a la mesa de trabajo, sino en un sofá de cuero negro. El diálogo iba a ser distendido, quizá con un punto de intimidad, de confesión. La situación prometía resultados, pero al poco de sentarnos se abrió la puerta del despacho y la cabeza de la secretaria le anunció que tenía una llamada importante, una urgencia ineludible.

—¿Te importa?

—¡Faltaría más, atiéndela!

—Gracias, será un minuto.

Se levantó y en dos zancadas alcanzó la mesa de trabajo. En uno de los monitores, un programa de testimonios pedía la colaboración ciudadana, la complicidad del espectador, para encontrar personajes para una próxima emisión. Un rótulo amarillo invitaba a acudir al plató: «Si eres homosexual, estás satisfecho con tu pareja, y en tu casa no lo saben, ven y cuéntalo». En el de al lado, el realizador gozaba combinando planos de una tertulia-guirigay donde todos gritaban a la vez. La gresca era evidente, a pesar de que todos los monitores estaban mudos. En una autonómica se guisaban unos garbanzos con tripa de bacalao, mucho pimentón, y un manojo de perejil, mientras dos más arriba Pepe Bono, ministro medallero, miraba fijamente a una cámara como si le estuviera pidiendo matrimonio. Bono, un ministro afable en la distancia corta, da miedo cuando se asoma a la televisión. No pestañea, y esa fijación del párpado, esa resistencia del globo ocular a la hidratación, esa capacidad de ver en condiciones extremas de presión, humedad y temperatura, le acercan a la condición de autómata. Es como un lémur en plena noche, como un general dotado genéticamente de visión nocturna. Mira por el ojo negro de la cámara y sabe que tú estás ahí, en tu casa, quizá alimentando deseos de traición a la patria. Contemplar aquel damero de televisores era como asistir a una partida de ajedrez. La reina, sentada en su sillón y su pecho exuberante alterado por las hormonas de aquella tertulia de nivel subterráneo subía y bajaba meciendo unas lentes abandonadas sobre aquella terraza tibia y carnal. Al verla recordé que antes de comenzar su programa había recorrido todas las tiendas de Madrid, esa ciudad llena de *shopping centers*, hasta encontrar un sillón que le sirviera para pasar tantas horas de la mañana en los platós. Lo encontró, pero antes de hallarlo tuvo que poner sus posaderas de cine *gore* en 57 sillones. Algunos traseros son muy difíciles de satisfacer. Ahora la reina vivía una partida difícil, acosada por peones negros, y sostenida sólo por una torre fiel, una torre ciega, incapaz de ver desde su posición que la dama estaba muerta. No hay nada más poético que un grande a punto de caer. Espero que su rey, que la sostiene por otros motivos, la mantenga mucho tiempo en esa situación inestable. Estaba a punto de hacer la apertura con el caballo de reina, al asalto de la casilla premoderna de Canal Sur cuando la charla telefónica del director me sacó de mi sueño.

—No, no, ésta es una decisión que ya ha sido tomada, y no tiene vuelta atrás.

—.........

—Siento mucho que te hayas enterado por un rumor, ya sabes como es esta casa, aquí se sabe todo en cuanto lo has pensado. Eso es lo de menos, ahora estamos hablando, te lo confirmo, y te daré todas las explicaciones que te tenga que dar. Los programas tienen su momento y éste no es el tuyo. Tienes que cambiar y esperar una nueva oportunidad.

—.........

—Claro que sé lo que estamos haciendo, y porque lo sé, te digo que en esta casa no vas a hacer ningún programa más. Se ha acabado. ¿Lo entiendes?

—.........

—La calidad, la calidad, ése es nuestro criterio. No te rías, lo digo en serio, las tendencias han cambiado, tienes que reconocerlo. Hasta ahora has vivido de las rentas. Te lo han consentido todo, porque el gusto que tienen tus amigos... los que estaban antes, es muy discutible.

—.........

—Sí, pero seguro que podemos conseguir la misma audiencia con algo mejor, más digno, y más barato.

—.........

—No, no es un programa digno, ahora se lleva otra cosa, ¿no has oído hablar de la televisión de calidad? Pues ahora estamos en eso, no tengo nada contra ti, simplemente queremos otra cosa. España ya no es la misma, y eso se tiene que ver en la televisión, ¿no lo entiendes?

—.........

—Adiós.

Colgó. Volvió a levantar el auricular y pinchó la línea interna. En un monitor una mano armada de cuchillo trinchaba una tripa de bacalao, un trozo gelatinoso del que al cortar no salía sangre sino un agua clara.

—No me pases más llamadas. Gracias.

Se levantó de la silla, y antes de llegar al sofá contempló satisfecho su colección de monitores.

—La televisión está cambiando, ¿sabes? Ahora viene una reacción contra lo que llaman telebasura. ¡Qué sabrán esos idiotas lo que es telebasura! La televisión es buena o mala, se ve o no se ve, gusta o no gusta, ése es el esquema, lo demás son tonterías, ganas de intervenir. Ahora nos dicen que hay que proteger a los niños de la televisión, cuando nosotros lo que queremos es que la infancia se prolongue hasta más allá de la edad de jubilación. —Esto, lo último, lo dijo con una sonrisa cínica.

—Ya sabes que hay mucha hipocresía, pero esto último me deja perplejo que te sorprenda, porque viene de los vuestros, de la progresía. Han llegado al gobierno y ahora quieren administrar ética en los medios, proteger a nuestros hijos, definir lo que es bueno y lo que es malo, lo que tiene calidad y lo que no merece esa marca, lo que se puede ver y lo que no se debe contemplar. No volverán los dos rombos porque eran de la época del Caudillo, pero ganas no les faltan.

—Nos echan la culpa de que sus hijos les salen ocupas, adictos al sexo, colgados del éxtasis y sin militancia política. Pero lo nuestro no es la ética, lo nuestro es el negocio, la cuenta de resultados, el beneficio para el accionista, el valor, no los valores, la audiencia, pero no a cualquier precio: barata, tiene que ser una audiencia barata, porque si no, no es rentable.

La puerta se volvió a abrir y la misma cabeza con pelo cardado y labios granate anunció una visita. El director preguntó quién era. La secretaria entró en el despacho, cerró la puerta, y le entregó un pequeño papel donde había escrito algo, quizá un nombre. Ella me miró con gesto de preocupación, y luego le miró a él. Él descifró el código. La secretaria salió y volvió a cerrar la puerta. Él se levantó, dio dos pasos hacia la mesa y de repente volvió hacia la puerta. Estaba a punto de abrirla pero algo le bloqueó, le dejó paralizado. Volvió la vista hacia mí, y estaba a punto de decirme algo cuando otra sombra le detuvo. En ese instante se fijó en la mampara, y en la sala en penumbra con su mesa de reuniones, y volvió a mirarme. Mientras abría la puerta con un ligero empujón, me invitó a entrar.

—¿No te importa quedarte aquí un instante? Será un minuto.

—Si quieres me voy, y vuelvo en otro momento, o quizá otro día.

—No, no, no, es mejor que no te vean.

—¡Pero si ya me han visto entrar!

—No, no, es que tengo una visita, y no sería oportuno que te viera salir, ya sabes, han pasado tantas cosas en los últimos meses, está el ambiente tan alterado que es mejor que te quedes aquí, serán unos minutos, cerramos la puerta, procura no hacer ruido, no enciendas la luz, coge una revista y lee.

—¡Pero si esto está a oscuras! Yo no soy muy lector, yo escucho. Ya se lo dije a Trucker.

—¿A quién? Bueno es igual, no leas, y por favor apaga el móvil, a ver si te va a entrar una llamada y tenemos un problema.

—Te veo muy nervioso, ¿estás seguro de que no quieres que me marche? Para mí no es un problema, tengo mucho tiempo, puedo volver, vernos en otro lugar.

—No, no, no, quédate aquí, y silencio, guarda silencio, no me jodas, que ya tengo bastantes problemas.

—No tengo ninguna intención de joderte.

—Ya lo sé, pero haz lo que te digo, por favor.

—Todo esto es muy raro.

—Hazme caso.

Volvió a empujar la mampara, una puerta armada con rectángulos de plástico blanco, translúcido. Mientras él volvía a la mesa aproveché para mover el panel unos centímetros y poder así ver quién era la visita que no me debía ver salir de aquel despacho. El director me había contagiado su nerviosismo. Estaba inquieto, pero sobre todo impaciente. Era incapaz de imaginar qué persona o personaje podía provocar aquel alboroto, los nervios de mi anfitrión, su recurso a un truco propio del teatro de los enredos, como si estuviésemos en una obra de Francisco de Rojas Zorrilla, por ejemplo *Entre bobos anda el juego*. Él se sentó ante la mesa, puso orden en los papeles, amontonó periódicos, y después levantó el auricular del teléfono y le dijo a su secretaria que estaba listo para recibir a quien para mí era una incógnita.

—Dile que pase.

Dos segundos después de colgar, la puerta se abrió con ímpetu, y el visitante entró saludando con un tono vital alto, una voz fuerte, y un paso firme que sonaba a pesar del suelo enmoquetado. No pude verle. Sólo divisé, gracias a la rendija que había dejado, un traje gris, un pelo canoso, y la mirada del director que intentaba comprobar si la solidez de mi clausura le permitía hablar con tranquilidad, mientras abrazaba con gesto falso a aquella presencia inquietante, que no llevaba nada en las manos, ni bolsa ni maletín, ni catálogos ni informes. No venía por tanto a vender, y pronto me di cuenta de que tampoco venía a comprar.

—¿Quieres tomar algo, un café quizá?

—No, no te voy a hacer perder el tiempo, porque yo tampoco lo tengo, el golf exige dedicación y me esperan para hacer unos hoyos, ya sabes «Los lunes al golf». —El tono y la risa eran un insulto, pero el director lo encajó con deportividad—. Vengo a hablarte de programas, o más bien, de algunos programas.

—Me das una sorpresa, yo pensaba que tú te ocupabas sólo de finanzas, ¿desde cuándo te preocupa lo que ponemos en televisión?

—Desde hace unos días. La verdad es que lo mío son las cuentas, y sobre todo los ingresos y por eso estoy aquí.

—No entiendo qué tengo que ver yo en todo eso, como no sea que quieres invertir en bolsa y comprar valores de televisión.

—No, no, es algo más directo. Verás, lo vas a entender enseguida. Ayer la productora de un buen amigo recibió una llamada de alguien de tu equipo. Quieren suprimir sus programas. Hoy, antes de entrar en tu despacho, ese productor te ha llamado. Ha intentado que dieras marcha atrás en esa decisión. Luego me ha llamado. En la antesala de tu despacho he sabido que le has dado con la puerta en las narices y, tratándose de quien se trata, no está bien, porque nuestras relaciones con él son muy buenas, y deben seguir siendo buenas por el bien de todos.

—Ésa es una decisión que no tiene vuelta de hoja, ha pasado por todos los órganos de la casa que tienen competencias económicas, todo el mundo sabe que estamos en otra fase, y que eso queda atrás, que no hay alternativa.

—Pues la debe tener.

—¿Por qué?

—Porque lo dice el partido.

—Sigo sin entender, y te aseguro que no es que me esté haciendo el loco.

—No te serviría de nada.

—Vamos a ver, te voy a dar otra pista, esto parece el *Quién quiere ser millonario*, pero no tienes derecho a una llamada de ayuda. A veces, cuando alguien te presenta un programa, te llegan recomendaciones, ¿no es así?

—Todos llevamos dentro un programador. Todos sabemos de televisión o de la selección de fútbol y algunos saben de las dos. ¡Qué país!

—No te hagas el gracioso. Esas recomendaciones tienen un valor. El contratado suele ser una persona agradecida. Si el programa va adelante, de lo que tú le pagas, un porcentaje irá a nuestra caja. Cuanto más le compres, cuanto más le pagues, más ingresamos. Al final ganamos todos. ¿Lo coges o te lo explico de nuevo?

—Eso es imposible, nunca ganan todos.

El rostro del director era como un espejo antiguo. De vez en cuando su mirada se levantaba por encima del hombro de su interlocutor, y llegaba hasta la puerta de la sala oscura. En las arrugas de su preocupación se podían adivinar los rasgos físicos de la visita, la frialdad de sus amenazas, la firmeza de sus palabras, la chulería despectiva de su tonillo. El sujeto había salido de su cueva, molesto por tener que abandonar su vida casi clandestina para hacerse visible y adoptar una forma respetable y autoritaria. En el fondo le daba una pereza mortal tener que estar allí aquella mañana.

—Tienes que llamarle. Tienes que hacerle volver. Le vas a

pedir, por favor, que traiga sus programas a esta casa. Hazlo con amabilidad, que no cuesta nada, y queda muy bien. Tú sabes hacerlo. Por algo te han puesto en esa silla.

Se despidieron. El director había sido derrotado. Ni siquiera se levantó para darle la mano o acompañarle hasta la puerta. Se quedó en su sillón, hundido, abatido, jugando con un abrecartas en forma de puñal árabe. El visitante se dio la vuelta. Entonces, sólo entonces, comprendí por qué aquel hombre no me debía ver. Antes de salir se paró un instante. Se quedó mirando a la mampara ligeramente abierta. Por un segundo nuestros ojos se cruzaron, pero él sólo percibió la oscuridad.

La principal razón del sectarismo es siempre económica. La ideología es sólo un pretexto estético. Queda mejor justificar las atrocidades por las convicciones que por la cartera, es más presentable. De ahí la expresión de «al enemigo ni agua». Si nos hubiéramos cruzado en la antesala habría sacado conclusiones, atado cabos. Pero si además hubiera sabido que estaba al tanto de aquella conversación breve e intensa, corría el riesgo de terminar como un residuo nuclear, enterrado en un bidón relleno de hormigón, en el fondo de algún pantano de la región. En aquel momento me pareció lo más probable. Los míos, muy pocos por tanto, me echarían de menos. Los otros, muchos, dirían que había desaparecido empujado por una crisis de identidad, por mi incapacidad para asimilar mi nueva situación, la derrota de la derecha, y los telediarios sin corbata. Mi presencia aquella mañana en aquel edificio habría llegado hasta algunos despachos donde las apariencias son lo único que importa, donde cualquier desliz, cualquier debilidad, se paga con la desgracia.

—Ya puedes salir.

Abrí la puerta despacio, pero me quedé al otro lado, incapaz de entrar en un ambiente donde todavía vibraban las palabras de aquel matón.

—Sal, no va a volver.

—¿Estás seguro?

—Sí, ya tiene lo que venía a buscar.

—Creo que ya lo tenía antes de entrar en el despacho. Me ha parecido que el que mandaba aquí era él.

—No exageres. ¿Le has reconocido?

—No sabría decirte quién es —mentí— y creo que a ti no te conviene decírmelo. Estoy seguro de que no le voy a volver a ver, porque me da la sensación de que este tipo de personas, como todos los que de verdad tienen poder, huyen de la luz, a pesar de su rostro bronceado, porque ¡hay que ver el color que tiene!, o pasa la mitad de su tiempo jugando al golf o se arruina en las cabinas de rayos uva.

—Bueno, creo que deberíamos dejar lo nuestro para otra ocasión. Por cierto, ¿qué querías?

—No, nada. Sí, mejor nos vemos en otro momento. Si quieres te llamo más adelante, nos vamos a almorzar, a un sitio discreto, y evitamos el despacho porque aquí uno no sabe con quién se puede encontrar.

—Espero que olvides pronto esta escena. Esto no siempre es así, no te vayas a creer. Claro que vosotros en informativos tenéis otro tipo de vida, otra clase de presiones, tú ya me entiendes. ¡Mira que si te llegas a encontrar con él en la puerta del despacho! Se habría dado un buen susto.

Hablaba con un ritmo acelerado, como un niño que ha superado el miedo a la montaña rusa, y explica alterado sus sensaciones de frenesí con palabras tartamudas entre risas nerviosas.

—No entiendo por qué. Me ha dado la sensación de que tú sí que estabas preocupado.

—Cosas mías. Tú no le conoces, pero él a ti mucho.

—La tele es así.

Salí de allí. Me temblaban las piernas. Antes de pisar la gélida luz de la calle me detuve en una máquina de café, puse cincuenta céntimos y pulsé el botón del exprés doble, sin azúcar. Quería hacer tiempo, recuperar mi tensión arterial y no dar ninguna oportunidad al azar de volver a encontrarme con aquel cobrador tenebroso, con el punto de conexión entre la política y la televisión, con la piedra clave de un edificio oculto por toneladas de oscuridad. Mientras me tomaba aquel café recordé a mi amigo Pedro Ruiz. No sé por qué me vinieron a la mente algunas de sus frases más enigmáticas, aquellas en las que amenazaba con contar las verdaderas razones de la televisión, el secreto de la programación, la razón de sus desdichas. La última vez que le vi nos cruzamos en el vestíbulo de un hotel de Barcelona donde todos los fines de semana almuerza con su madre. ¿Dónde estará? Una semana más tarde envié a mi amigo el director uno de los libros de Trucker, el *Trucker básico*, compendio de las enseñanzas del maestro, para que le ayudara a analizar sus puntos débiles y a conocer el lado fuerte, para no tener que hacer el ridículo que había hecho dando marcha atrás a una decisión importante. Aquel día su liderazgo había muerto y yacía abatido, como una bandera sobre el polvo. Nos encontramos mucho tiempo después. Se había pasado al campo de la producción de telenovelas. Tenía una empresa con sucursales en Caracas, Lima y La Paz. Su último éxito se llamaba *Resistiré*. Había dejado de sufrir. El manual básico le había enseñado que era capaz de inventar historias mucho más disparatadas de las que había presenciado en su despacho.

Antes de aquel episodio ya había sufrido alguna embestida de la realidad. Buena parte de la producción intelectual de Trucker se dedica a los métodos para optimizar los gastos de personal y los costes de producción. Una noche quedé para cenar con un amigo. Éste ya era «ex» director de una conocida cadena de televisión. Como tono neófito en la secta del marketing, llevaba *Deconstruyendo a Trucker* en el bolsillo, con la solapa a la vista, sobado y subrayado. Mi amigo pesaba una tonelada de realidad. Era delgado, pero la vida y la experiencia le habían dotado de un peso específico voluminoso. Frente a un plato de queso italiano le hice un resumen de las teorías en boga. El hombre soltó una carcajada y me explicó un caso práctico demoledor. Érase una vez un programa de música que se grababa no en los estudios de la emisora, sino lejos, muy lejos, a muchos kilómetros de Madrid. Mi amigo no había leído a Trucker, pero conocía los rudimentos de cómo se debe buscar la eficacia. Así que rechazó un presupuesto que indicaba que la producción del programa se mantendría en los salones de un casino en mitad de un bosque, en medio de la nada.

Al día siguiente se presentó en su despacho el capo de un célebre sindicato, un liberado que en su vida había escrito una noticia, un redactor que sólo había tomado en su mano el micrófono de un megáfono, y le puso la pistola encima de la mesa. Era una pistola figurada, pero con munición, y más peligrosa que una Mágnum. Le dijo que diera marcha atrás, porque estaba perjudicando a su gente, a sus afiliados, a la familia, es decir a la mafia. Una mafia pequeña, que se conforma con unos euros a final de mes, la paga de la mediocridad. Si el programa se grababa en los estudios de la casa, los afiliados dejaban de percibir kilometraje, dietas, y otras prebendas. Si el director quería paz y tranquilidad debía firmar el presupuesto. Paz por territorios, o paz por pasta, más bien. Es un estilo que abunda en nuestra patria.

—¿Y qué hiciste? —le pregunté.

—¡Firmé!

—¡No!

—Sí, firmé, firmé, y me gustaría olvidarlo.

Aquella noche mi amigo lloró lágrimas negras sobre la primera edición del Trucker, mientras yo le cantaba aquello de «sufro la inmensa pena de tu extravío». Sumergidos en aquella amarga realidad, brindamos dos veces con grappa de la dura por una jefa de personal que dominaba a las fieras sindicales como aquella monja de *Amarcord* que cuando el tío loco se subía al árbol y se ponía a gritar «¡Quiero una mujer!» le hacía bajar de la rama con dos gritos. Las reglas de oro que habían funcionado como un engranaje suizo en la empresa americana eran imposibles en nuestro territorio. La solidez de sus piezas se deformaba al contacto con el suelo nacional como los relojes derretidos de Dalí.

Aquella noche volví a sufrir una nueva aparición del maestro. Sentado en su silla de juncos trenzados, Trucker me señalaba con el dedo índice y me preguntaba: «¿Cuál es tu negocio? Debes definir cuál es tu negocio: ¿las botellas de vidrio?, ¿los envases de cartón?, ¿la máquina herramienta?, ¿qué es lo que tú quieres aportar? ¡Defínete!». Yo iba diciendo a todo que no, hasta que llegó a las tertulias y entonces dije que sí desesperado, que ese podía ser mi negocio, mi aportación, mi lugar en el mundo, y la figura se desvaneció, y pude dormir un par de horas, con un sueño liviano, siempre alerta.

Ambiciones ilegítimas

Todo esto ocurrió mucho antes de que supiéramos del llamado montillazo, así que es posible que este relato no pase de ser una pequeña anécdota en el sistema de financiación de los partidos y de las prebendas sindicales, un hilo perdido en el inmenso ovillo de las donaciones anónimas, que dicen van a desaparecer. Con los partidos, los donantes siguen el principio evangélico de que «tu mano izquierda no sepa lo que hace tu mano derecha».

El método Montilla es mejor: permite pagar los recibos sin sobresaltos, que es uno de los lemas de la publicidad de la Caixa. En las teles hay mucho dinero que cambia de manos, muchos intermediarios, unas cuantas influencias y también conseguidores, capaces de vencer resistencias y abrir puertas de despachos. Éstos, como diría Bertolt Brecht antes de consultar el saldo de su cuenta en Suiza, son los imprescindibles.

Desde hace unos años las televisiones reparten subvenciones y ayudas al cine español. Las necesitan porque la calidad de las películas es tan baja que sólo con el impuesto revolucionario de las televisiones se puede sostener un sector que de otra forma naufragaría en el mar de la competencia libre. Las cosas son así, y no lo digo yo, sino también alguno de los responsables del cine patrio. Para todo lo demás, España, dice la progresía, debe ser un país abierto, moderno. Para el cine debemos cerrar las fronteras, ver lo nuestro, contemplar nuestros órganos, aunque sean pequeños, tristes, aburridos, sin interés.

Del cine vive mucha gente, no lo dudo. En cierta ocasión un célebre director norteamericano tuvo la idea de situar en una ciudad del norte de España parte de la historia que pensaba rodar. Se puso en contacto con una productora nacional. La productora, afincada en Barcelona, se acercó a una televisión para solicitar un poco de la pasta del cine. No me digan que dé nombres, porque los nombres son lo de menos. Quédense con el caso en abstracto que es mucho más jugoso y revelador, y ¡no me sean tan cotillas! En la ventanilla televisiva el encargado de tramitar las ayudas les dijo que vale, que estaba por la labor de ponerles en la lista y saltarse varios puestos, e informar a favor del proyecto del americano. El director que firmaba la idea es uno de esos de culto para los del cine nacional, y también para cualquiera a quien le guste el cine. Todo iba bien, hasta que el encargado de las ayudas les dijo que quería un diez por ciento en una cuenta, en el mismo país en el que Brecht tenía la suya, que si la tenía el alemán y pasó por ser un gran progresista, comprometido con la liberación de los pueblos, no sabía qué tenía de malo que la tuviera un capo de una televisión de tercera. La productora dijo que no pasaba por el aro, y no hubo película. Gente honrada y decente. La cinta se rodó, pero en otro país, quizá con otra comisión, y los de la vetusta ciudad del norte se quedaron sin ser escenario de una gran película que se distribuyó por todo el Occidente.

En situaciones como la que he descrito, propias del teatro del enredo, nunca he sabido poner cara de bobo. Admito la utilidad del carácter impasible que hace como que si las cosas le rebotaran en una jeta de cemento como la de Buster Keaton. Ante un encuentro de tipo social, las personas nos solemos comportar de otra forma. Intentamos demostrar ingenio, humor, capacidad de conversación, inteligencia. Lo insólito es que alguien pretenda pasar por majadero. Y, sin embargo, en esta pose, por provocar sonrojo y vergüenza, se encuentra uno de los grandes placeres de la vida en sociedad. Uno de mis buenos amigos de la tele es un maestro en el arte de la indiferencia. Nunca ha ocupado un cargo relevante, y es capaz de rebajar la importancia de cualquier puesto. Su humildad llega a ser cómica. Lo ensaya hasta extremos que yo jamás hubiera imaginado.

Una tarde almorzábamos con Gaspar Llamazares y algunos diputados de Izquierda Unida, entre ellos una conocida diputada, cordial y simpática, feminista cabal, buena gente, de verdad. En un momento de la charla Llamazares le preguntó a mi amigo qué pensaba de la televisión digital. Eran los tiempos de la fusión entre las dos grandes plataformas para crear una sola y terminar con años de una absurda guerra en la que la derecha terminó por entregar las llaves de la ciudad digital a los inspiradores del federalismo. El interrogado respondió sin complejos: «Mira —le dijo—, yo siempre he tenido claro que este negocio no podía ir bien, esto no tenía ningún futuro. No me refiero a la competencia de dos plataformas en guerra la una con la otra, sino a la propia naturaleza del negocio. ¿Cómo va a ir bien una televisión a la que todo el mundo dice que se abona por el fútbol, las películas y los toros, cuando la verdad y la realidad es que pagan por lo mismo que yo, por ver las películas porno de la noche? ¡Esto no puede funcionar, está basado en la mentira! Los abonados pagan igual que yo, para ver una película de madrugada y marcharse satisfechos a la cama». La diputada no daba crédito. Me miró a hurtadillas para ver si aquello era de verdad o iba en serio. ¡Pornografía sobre la mesa! Yo hundía la cabeza en el plato, y soportaba como podía la risa, como cuando de chicos, en misa, los monaguillos nos escondíamos tras el sagrario de la basílica barcelonesa del Tibidabo para soportar las convulsas carcajadas que nos provocaban los discursos apocalípticos de un sacerdote llamado Ezequiel, una especie de profeta iluminado, de cabellera blanca y perfil similar al de Rafael Alberti, que advertía a los fieles de las terribles consecuencias del pecado, con una retórica grandilocuente. El resto de los invitados al almuerzo se miraba perplejo. Nadie se atrevió a replicar. Y así fuimos saltando de un asunto a otro, con aquel genio poniendo cara de tonto y colando provocaciones sin que los comunistas supieran reaccionar.

En otra ocasión, nuestra agenda nos llevó al despacho de un presidente, ni de gobierno ni de banco, que son especies que no trato, y no por falta de ganas. El almuerzo fue agradable. Desde el comedor se contemplaban los tejados de Madrid, los mismos que levantara el diablo cojuelo. El personaje era un melómano apasionado y minucioso, capaz de analizar la calidad técnica de una orquesta y la acústica de un auditorio, un hombre culto y brillante. Al terminar el encuentro, en la hora de la despedida, nuestro anfitrión nos regaló la grabación de una ópera financiada por la institución que presidía. El invitado miró la caja de discos por delante y por detrás, y con la soltura de un bailarín le dijo: «Oye mira, a mí no me gusta la música, sólo soy capaz de apreciar las marchas militares. El resto para mí es una tortura, me invitan a un concierto y voy porque tengo que ir pero me duermo, así que te agradecería que me cambiaras esto por un bolígrafo, que me hará más ilusión». El presidente se lo tomó como una broma, cambió los regalos y nos despidió.

SALDOS DE VERANO

Pronto se adivinó el verano, que en Madrid es riguroso, con uno de esos días en los que los secretarios de Estado de comunicación recorren las emisoras de radio con las listas de los contertulios para la temporada que viene. En las listas sólo aparecen los malos, los contestatarios, los impermeables al efecto vírico de la propaganda gubernamental. El resto ha pasado el examen, han obtenido nota y el plácet de palacio para continuar una temporada más. El problema está en los nombres consignados en la hoja, pliego o folio que sólo ven unos pocos en la cúpula, y que luego se encargarán de transmitir a la cadena de mando, como se transmite la fuerza en un puzle de piezas de dominó de esos que hacen los chinos para entrar en el Guinness y ocupar treinta segundos en las televisiones. Al final siempre hay una bolita, y esta vez el acero brillante derriba con su peso el rostro de la designada por oídos sutiles que tuercen el gesto cuando el argumento disgusta: «¡Pero ¿cómo puede decir una cosa así?!».

La función del secretario (él lo explicaría así) no es la de eliminar sino más bien equilibrar. Así, detallará cómo a tal o cual onda se le ha ido la mano en la crítica, y debe compensar la física de la opinión para que las cosas se ajusten a la realidad. Claro que esta estrategia sólo vale con los tibios porque los montaraces son irreductibles, y los adictos nunca han guardado ningún equilibrio por su propia condición. Estén atentos a los cambios de ubicación de algunas voces disidentes entre junio y septiembre y podrán recomponer esa lista con facilidad. No es fácil porque el verano es una estación que ayuda a borrar las huellas, como aquellos ramajes que los indios colocaban a sus caballos, y que empolvaban las marcas de los cascos de sus caballerías.

Las teles son también terreno codiciado. Aquel final de temporada alguien se despistó, no estuvo atento, y me colé en una tertulia televisiva. Por fin podría cumplir la palabra dada a Trucker en su última aparición. A pesar de todo, la invitación me sorprendió. Todavía no sé qué es lo que querían de mí, pero me divertía el ensayo de algo nuevo. Fue tan desconcertante para la cadena que el mismo día que el programa anunciaba que me fichaban como tertuliano, los responsables de comunicación de esa televisión emitieron una nota en la que decían que no había sido contratado por la cadena sino por la productora encargada del programa. Un matiz tan sutil que la audiencia nunca podrá entender. En el infierno se dan estas situaciones curiosas. Cuando uno está en el cielo todos se quieren atribuir los méritos de un fichaje. Si llegas al Averno, todos dicen aquello de «yo no he sido». La experiencia duró poco, pero me permitió aprender de un género nuevo que no es el mío, y en el que reconozco maestros y especialistas, magos de la opinión y el enfrentamiento.

La cosa tiene sus secretos y sus leyes. La primera es que si uno quiere durar tiene que dar espectáculo, fingir indignación, elevar la voz y el tono, marcar bien sus opiniones, manejar las frases cortas con la destreza con la que un gaucho despliega su navaja en un lupanar. La televisión tiene su lenguaje. Para durar uno debe estar también muy atento a la opinión mayoritaria, detectar, como dicen ahora los sociólogos, los nichos de mercado a los que se dirige el programa, intuir en qué posición se encuentran las mayorías. El programa suele tener una presentadora, pero la que maneja los hilos no es ella. Al otro lado de las cámaras hay un director o directora de escena que, como en el teatro, maneja los hilos de todo cuanto allí ocurre. El programa salta de un asunto a otro. Se trata de evitar que el espectador castigue la monotonía con el látigo de su mando a distancia. Cuando algo no gusta lo suficiente, el que está en casa tiene el inmenso poder de cambiar de circo para buscar otros gladiadores. Con un golpe de mando la escena se transforma. La tertulia tiene una trastienda, un vestuario donde los contendientes se ven antes de entrar al circo. En una pequeña sala toman café y comentan las últimas noticias. Todo discurre en un ambiente amable, suave, sin aristas.

Llega la hora de salir a escena. Después de una sesión de maquillaje, algo así como el masaje a los músculos de un boxeador, una azafata conduce al grupo hasta la parte trasera de los decorados. Se colocan los micrófonos mientras, en un extremo del plató, en un ambiente de salón casero de residencia de La Moraleja, cinco voces analizan los últimos pasos de una conocida y variable amante con ramalazos de golfa y arrebatos místicos. Luego entra la publicidad, y ella se transforma: pasará de manejar una charla de pasiones a administrar la razón política de la opinión pública con la misma suavidad, con la misma elegancia con la que se extiende una crema por el rostro y se experimentan sus virtudes regenerativas, su capacidad de dejar tersa la superficie cansada y arrugada de tanta vida. La mesa se divide en dos: a un lado se agrupan los de una tendencia, al otro los de la contraria. El escenario es maniqueo. La que presenta no hace caso de lo que dicen los de la mesa, sino de las órdenes de la directora oculta. Cuando un lado flaquea y se sume en el silencio, recibe un latigazo para que no se duerma. No se trata de expresar opiniones y argumentos. Para cuando el tertuliano quiera desplegar un mínimo razonamiento, el programa ha terminado. Se trata de ponerse en contra de algo, de lo que sea, pero a la vez no de cualquier cosa.

Un día me invitaron a dar mi opinión sobre la ley de matrimonios homosexuales, la di y nunca más me han vuelto a llamar. Yo tampoco a ellos. No es que dijera ninguna barbaridad. Otros sí: argumentaron que como el franquismo perseguía a la disidencia sexual ahora tenían derecho a contraer matrimonio y a adoptar niños, como cualquier otro matrimonio. Yo fui muy ortodoxo, casi diría que demasiado, a la vista de las consecuencias. Hasta hubo una llamada, dijeron en antena, indignada con mi posición, por constatar (en mi discurso, breve pero claro) que para tener un hijo hace falta un padre y una madre. Era intolerable. Mis opiniones sólo podían ser el fruto podrido de la carencia de talante, decían, de convicciones viciosas y de creencias muchas veces refutadas en prestigiosas revistas del corazón y en editoriales de la prensa independiente. También es cierto que el periodista que filtraba las llamadas y hacía el resumen ante la pantalla tenía razones de pluma y vuelo para cargar las tintas en un asunto en que él podía ser todo menos imparcial. No volví. Yo en su lugar habría hecho lo mismo, ¡qué demonios! Hay cosas que no se pueden decir por la televisión. Aquella mañana noté que a los que gobernaban el programa les incomodaba mi posición, no por mis ideas sino por el miedo a molestar a una parte del público, a la que hay que tratar como a niños consentidos y darles sólo lo que quieren ver y lo que están dispuestos a escuchar. Un día, un amigo se encontró con la presentadora en una fiesta. «Ya no veo en tu programa a Urdaci, ¿qué ha pasado?» Ella no supo qué contestar. Aquella noche no tenía quien le diera órdenes y sugerencias a través del audífono y se perdió, extraviada, en el jolgorio que no tardó en imponerse como banda sonora.

Las pocas veces que pasé por el programa siempre sospeché que la presentadora no se enteraba de lo que decían sus invitados, y estaba más bien atenta sólo a lo que le ordenaba la directora. Como un domador entre las fieras, ella se limitaba a repetir las órdenes para que el león o el tigre levantaran la garra con rugidos estremecedores o pasaran por el aro de fuego de un salto. Mi hipótesis se confirmó un día que invitó a Concha Velasco. La actriz participaba en una serie que esa misma noche se estrenaba en la cadena. Mientras la maquillaban, Concha vio en un televisor de la sala de restauración el anuncio de su entrevista en el programa. «Esta mañana Concha Velasco nos hablará en exclusiva de su vida familiar, será dentro de unos minutos, aquí, no te lo pierdas.» Velasco dio un salto en el sillón. Al llegar al plató, antes de responder a la primera pregunta, advirtió que ella había acudido para hablar de la serie, de su trabajo como actriz, y de nada más. Desconcertada, la entrevistadora quiso dar un giro con un golpe de timón para orientar la charla hacia otros terrenos en los que se pudiera ganar la complicidad de la invitada. «¿Qué tal está tu madre?», le preguntó. Concha, desconcertada, respondió: «Mi madre murió hace muchos años». Trucker habría dicho que la presentadora tenía un problema: ni leía ni escuchaba. Por episodios anteriores sabíamos que la escritura hacía tiempo que la había delegado en mercenarios de la pluma.

Me sentí feliz de dejar aquel programa. Casi tanto como el día que me declararon inútil para el servicio militar. Era septiembre, yo era joven, había terminado la universidad y Burgos ya era zona nacional congelada. Me había presentado en el cuartel de Pamplona para recoger mi petate, con su uniforme, su gorra, el cinturón con la hebilla tan ostentosa, la vergonzosa ropa interior. El oficial (nunca he sabido leer el grado en las barras y estrellas) me preguntó si tenía algo que alegar. Le dije lo primero que me vino a la cabeza, algo que había escuchado de niño en las visitas al médico: cardiopatía, soplo sistólico, un corazón ya entonces débil.

Aquel mismo día me enviaron al Hospital Militar de Burgos, donde pasé mi primera y última semana en un cuartel, en la unidad de transeúntes, que debe de ser lo más parecido en tierra al purgatorio, porque nunca sabes dónde irás después, y porque en la entrada ya te anuncian su condición de lugar provisional. Por las mañanas, a las siete, formábamos en batallón al toque de corneta. La visión de aquella unidad habría reventado la moral del más aguerrido militar. No teníamos entre todos ni el más mínimo sentido marcial. Quizá por eso habían confiado el mando a un sargento chusquero, que nos miraba con desconfianza en busca de impostores. Por él todos hubiéramos sido declarados aptos, aunque fuera como munición para cañones. La tropa era un conjunto abigarrado de lisiados: cojos, indios de la tribu de los pies planos, algún estrecho de pecho, alérgicos a los gatos, miopes extremos, dos enfermos de hepatomegalia, cinco epilépticos y casos varios de psicología inestable, además de adictos a todo tipo de drogas, sobre todo, adictos a la heroína.

Por la mañana pasábamos exámenes para determinar el alcance de nuestro mal. Algunos organizaban toda una logística para los exámenes médicos. Un alérgico al pelo de los gatos se hacía traer por sus parientes un minino. El primo se quedaba en la puerta del hospital con el animal en brazos. Mientras esperaba ser llamado por el oficial médico, el paciente bajaba cada cinco minutos a la puerta, y tenía una sesión de intimidad y caricias con el felino. Lo besaba, le pasaba la mano por el lomo, se lo restregaba por la cara y el cuello y conseguía una intimidad suficiente para cualquier contagio. Cuando el gato estaba caliente y el enfermo a punto de estallar, congestionado y sacudido por estornudos de mastodonte, volvía a la puerta de la consulta. El transeúnte era vasco de Otxandiano. El gato no lo sé.

Por la tarde salíamos a pasear por Burgos, en rebaño. Los adictos dejaban enseguida el grupo y se perdían en busca de su dosis. No siempre encontraban lo que buscaban. Analizaban el mercado del caballo con la misma precisión con la que un financiero despeja los detalles secretos de la bolsa de valores. Cuando conseguían el polvo se lo repartían, y luego se pinchaban en el cuartel utilizando como jeringuillas los tubos de plástico de los bolígrafos, y como émbolo el depósito de la tinta. Este tipo de personas siempre han tenido una gran afición, un culto al bricolaje, como si fueran capaces de superar todo tipo de obstáculos para pincharse. Ponían todo su talento, a veces mucho, al servicio de la adicción. Sin esa dependencia enloquecedora hubieran sido muy útiles para las fuerzas armadas.

El último día de purgatorio nos formaron en la cantina, y fueron llamándonos de uno en uno y dividiendo el mundo entre los aptos y los inútiles. En el primer grupo colocaron a algún tarado mental, y a todos los epilépticos, a los enfermos del hígado y a algún miope que no llegaba al grado de ceguera que te exime de disparar. En el medio estaba el purgatorio de los inútiles temporales. Los de la jeringuilla penaban en esa zona intermedia. Volverían un año más tarde, alimentando una adicción que año tras año les dejaba fuera de filas a cambio de arruinar su vida y entregarla a trozos en cada reconocimiento médico. Al alérgico a los gatos le declararon útil. No tendría oportunidad de intentarlo con otra patología, por ejemplo la zoofilia. Al día siguiente estaría haciendo la instrucción en un campamento de Córdoba, pateando un erial y acariciando un fusil durante dos meses, antes de la jura de bandera.

Cuando llegó mi turno escuché el desprecio con el que un sargento me declaraba inútil total. Fue un gran día. No exterioricé mi entusiasmo hasta que llegue a casa, cinco horas después. No obstante me fui inquieto por el motivo de mi incapacidad: una estenosis aórtica que los médicos civiles han sido incapaces de encontrar por mucho que yo les he insistido en que debe de estar ahí, agazapada, esperando su momento, quizá otro llamamiento a filas, para manifestarse. Desde entonces soy partidario de que algunas profesiones, como la militar o la de la medicina, sean ejercidas por profesionales. No sé, me da más confianza.

La reina de los jíbaros

Supe por entonces que el primer objetivo que me había marcado después de leer a Trucker era inalcanzable. Aquél ya no era mi negocio. En las privadas no había lugar para mí. Las puertas de la pública estaban cerradas. Las habían clausurado para proceder al derribo. No dirán los de dentro que no se les advirtió, pero durante un tiempo estuvieron distraídos, pensando que habían llegado a la tierra prometida después de pastar durante años el rico maná del desierto aznarista. Pero su particular Moisés les había engañado. El Arca estaba agujereada, y la capitana que habían puesto al mando de la nave tenía instrucciones precisas para varar el buque en la primera playa. El cuaderno de bitácora de aquellos meses es el relato de cómo se cumplieron aquellas órdenes. «15 de noviembre de 2005. Al orto, la corriente nos arrastra hacia el arrecife. Rumbo norte-noroeste. Velocidad 15 nudos. La tripulación amenaza huelga el 22 de diciembre, día santo de la lotería. Dicen que vamos al desastre. En el horizonte no se divisan amenazas.» Quince metros por debajo de la señora, el barco comenzaba a rozar los arrecifes.

Mientras la nave se acercaba a las rocas, salió *Días de ruido y furia*. La casa se volvió a dividir entre los que querían organizar una hoguera para quemar libros en la puerta, como nuevos camisas pardas, y los que decían que me había quedado corto: «Es un libro demasiado moderado, respetuoso, casi timorato». Cada vez que leía alguna de las entrevistas que di a varios medios de comunicación, la directora general hacía una fotocopia y la enviaba a la asesoría jurídica con la orden de que la miraran con lupa y estudiaran la posibilidad de ponerme una querella. Un día me encontré con uno de los abogados en un juzgado de lo social al que había acudido como testigo de un trabajador. «Urdaci —me dijo el letrado—, nos das más trabajo ahora que cuando estabas en la tele.» No hubo demandas. Lo que más irritó a la señora fue que dijera que era vecina de un dirigente de CC OO con el que solía charlar todas las noches, y con el que compartía carnet sindical y otras afinidades más ocultas. Se encontraban en el contenedor de la comunidad, a la hora de arrojar la basura. A veces volvían a casa con la bolsa en la mano. El libro creció y mi editora me comunicó pronto, con entusiasmo, que estaban preparando una segunda edición. De los que amenazaron con querellas ninguno cumplió. Sólo F. Delgado exigió una rectificación. Le di satisfacción, porque cuando uno da un dato impreciso debe corregir. Le atribuí una frase sobre los asesinos de Lorca. Lo siento. Lo único incorrecto en el texto era el año y algunos nombres. No la había dicho en 2004, sino en 2000, cuando se refirió a los que votamos a la derecha como los herederos de quienes asesinaron a Lorca. Concluiremos por tanto que nunca le he atribuido intenciones que no hubiera manifestado. Meses después del alboroto, Polanco le retiró de las antenas. Dijeron que iría a la televisión, pero a la hora de terminar este libro, todavía no le hemos visto por la Cuatro.

Volvamos a Caffarel, irritada hasta la furia con este humilde escritor. El libro no consiguió distraerla de sus faenas. Primero redujo la fuerza y la audiencia de la casa. Mientras los sabios se reunían en la cueva de las sombras de Platón para dilucidar el tamaño de la casa, la médium se dedicó a jibarizar el ente. A la salida de la cueva, los filósofos se encontraron con que el gigante había menguado. «¡Que vuelva a su tamaño!», proclamaron. Pero lo que encoge no puede crecer ni por hidratación, salvo en los sistemas reproductivos, y no siempre. El trasvase de fondos de la publicidad hacia las privadas había comenzado. El gobierno seguía emitiendo mensajes tranquilizadores, para quien estaba dispuesto a creer todo lo que dijeran. La verdad tardó en aparecer.

La epifanía llegó a finales de octubre de 2005. Las privadas advirtieron a Rodríguez que estaban preparadas para recurrir la recalificación de Cuatro, convertida de rural en urbanizable. La amenaza era seria, y el recurso, de haberse presentado, tenía grandes posibilidades de prosperar y llegar a ser algo. Había que abortar aquella operación. El gobierno disolvió el frente con un paquete de golosinas de publicidad. A cambio de que callaran, se les prometió que la pública limitaría el ingreso por anuncios. Barra libre, ¡que tomen lo que quieran! La amenaza del recurso duró lo que un suspiro. Y todos felices. ¿Todos? Testigos imparciales aseguran que aquella mañana se vieron en las instalaciones del ente público rostros de perplejidad y desconcierto, rostros muy parecidos al del coyote cuando se ve atrapado en una de sus propias trampas para correcaminos, marca Acme.

Aquellos que habían votado por los que prometían la tierra de promisión se dieron cuenta que el que dirigía el pueblo no era Moisés, sino un mercader sin escrúpulos que estaba a punto de alquilar el arca para un crucero por el Mediterráneo con plaza de camarote de lujo para sus amigos: una tele para Polanco y otra para el resto, siempre dentro del círculo de los allegados. El Grupo Árbol había sido el principal vivero de directivos para la comunicación del gobierno (Barroso) y para la dirección de la tele pública (Castro). Los sindicatos perdían poder, sobre todo el poder de repartir prebendas y cargos a sus afiliados. Liquidado el modelo, y sin una alternativa clara y definida, los primeros amenazados eran los viejos sindicatos, con su arcaica retórica de megáfonos y pellizas. ¿Qué sentido tenían en una empresa donde nunca existió la llamada clase obrera? La prueba es que la mayor parte de los dirigentes sindicales de RTVE tienen a sus hijos trabajando en el ente público.

La clase obrera siempre ha querido que sus hijos escalaran puestos, y pasaran a engrosar las filas de la clase media, un salto cualitativo para el que tenían que estudiar, hincar los codos, trabajar y, a veces, todo a la vez. Aspiran por tanto a que cambien de clase, por un camino de honradez, que el obrero siempre ha tenido su ética, forjada en una educación espartana y en la vida parroquial. Un buen lugar para dar un gran salto de clase es RTVE. Hasta entonces los sindicatos habían sido una oficina de reparto de privilegios, favores y beneficios, una forma institucionalizada de reclamar prebendas. Ahora la ventanilla se cerraba, y con la clausura terminaba su capacidad de influencia, por eso muchos de los empleados del ente organizaron una alternativa a la vieja estructura, último reducto del sindicalismo vertical, y montaron una agrupación para defender sus intereses, no los de CCOO ni los de UGT. ¡Manda huevos que ellos se llamaran de forma coloquial los cocos y luego les molestara la broma del deletreo de sus siglas!, ¡qué falta de sentido del humor, qué carencia de talante!

En noviembre sufrieron mucho cuando Pepe Navarro, después de gastar 250.000 euros en un decorado en Prado del Rey, dijo que no le gustaba la carpintería de la casa y se marchó a una productora, donde el bricolaje tenía más prestancia. Los gastos se dispararon, mientras los cámaras de la casa se quedaban mano sobre mano. España entera esperó la noche del estreno del nuevo programa. Había expectación, las calles vacías, el silencio en los bares, una intensidad casi religiosa. La primera noche nos ilustró sobre las nuevas formas de familia. Los ejemplos eran una señora de 120 kilos que tenía un marido y un amante, a los que mostraba orgullosa, sentados muy formales en el sofá de casa, y un trío de homosexuales que compartía cama y casa y que nos mostró su amor en sucesivos besos de tornillo ante las cámaras. Había también un matrimonio con muchos hijos, y el marido que reconocía que sólo dos de aquella prole eran suyos. Antes de que Navarro propusiera el cuarto ejemplo de familia «moderna» había perdido veinte puntos de cuota de pantalla. La televisión pública se entregaba aquella noche a la exhibición de ejemplos familiares políticamente correctos, con el dinero de todos. Hasta esa noche no supe que podría pasar por un tipo *à la mode*, un integrado, si compartía con un taxista los favores de una odalisca inconmensurable. Nos hacía falta este programa, Caffarel. Lo demás es intolerancia pasada de moda.

Telemadrid agonizaba de baja audiencia y temblaba de conflictos internos. En las privadas mandaban los spaghetti: uno aspaventoso y paranoico, irascible e implacable, capaz de ver enemigos en cualquiera que se acerque a su persona, pero también de resucitar a un muerto (su empresa) y hacerle respirar hasta situarla en un punto de liderazgo; el otro un hábil trilero sin escrúpulos para repartir moral y condenas en cada entrevista, pero con la intuición y la ambición necesarias para ganar, mes tras mes, partida tras partida, con cartas más bien mediocres.

En ese panorama, lo más nuevo en términos estrictamente televisivos, fue Cuatro. Ésos sí que lo tenían claro: sus primeras emisiones fueron un chorro de ideología catódica. Salieron como el galgo retenido unas horas antes de perseguir a la liebre en el canódromo. Tropezaron en un cuatro por ciento, y por ahí andan, abrazados a un sueño imposible. Perdieron fuerza y a las tres semanas de nacer aquello tenía el aire de una tele local presentada por la reina de las fiestas patronales en un decorado de espumillón, macramé y metacrilato. Su gran aportación al pluralismo fue que nos faltaba algo así, la expresión gráfica del sectarismo y la militancia izquierdista. Su contribución a la televisión fue la entronización de lo amateur como categoría comercial. Pero es pronto para hablar de eso, porque forma parte de los indicios del purgatorio, y para esa estación quedan muchos días.

«Ya no me pides favores, ya no me llamas padrino»

Aquel primer fracaso me deslizó por la pendiente de la depresión. Es justo reconocer que sufrí momentos terribles de melancolía, pero recordé que para Aristóteles la melancolía no es un estado sin valor sino una forma de pensamiento, de trabajosa indagación filosófica. Mis enemigos se alegrarán y no hay por qué hurtarles un rapto de satisfacción, de vanidad retrospectiva, al conocer que sus esfuerzos dieron resultado. Hoy me encuentro vivo y fuerte. Lo que no nos mata nos hace más fuertes, reconocía Nietzsche. Quizá por eso es el momento de reconocer que en aquellas horas encontré en las *Memorias del subsuelo* de Dostoievski el relato paralelo de todo lo que a mí me sucedía. Mi vida no tenía horizontes. A ratos me sentía como César Vallejo cuando escribe: «He almorzado solo ahora, y no he tenido ni madre, ni sírvete, ni agua ni padre que en el facundo ofertorio de los choclos...». Los enemigos también tienen derecho a saber estas cosas, ellos que son tan transparentes, ellos que, como diría Cela, «son quienes más han hecho por mi carrera». (Me hierven las citas, y ustedes sabrán disculpar, pero es que el tiempo da ahora para leer cosas nuevas y releer viejas pasiones literarias, porque el infierno es un lugar donde se puede ser culto, no vayan a pensar que aquello es el desierto de los necios, ni mucho menos.)

Bien es verdad que muchos de ellos, de mis enemigos, me querrían ver muerto, aislado, colgado en la plaza pública para servir de ejemplo a todos los que alguna vez osaron no pensar como ellos, rendido, quizá acudiendo a la sede federal de su partido federalista, de rodillas, como un conocido locutor de la radio que se presentó un día, ya anochecido, para decirle a ese hombre de opereta que tiene aspecto de estar siempre a punto de cantar un solo, que él era obediente, y que para lo que quisiera allí estaba él. Acudió raudo y veloz, en socorro de quien más lo necesita: el vencedor. Madrugaba demasiado como para perder el puesto por un cambio de gobierno. La política era variable, pero no era justo que la fortuna afectara a su insigne trayectoria. Los gobiernos pasan, pero muy pocos locutores permanecen. Su discurso fue largo, pero sus frases giraban siempre en torno al mismo núcleo: «Ecce homo. Aquí me tienes para lo que quieras ordenar. Soy obediente y estoy dispuesto a demostrarlo. Dame una oportunidad, no te arrepentirás». Me recordó una frase que leí en una colección de expresiones memorables: «Éstos son mis principios, si no le gustan tengo otros». Es de Marx, Groucho Marx.

Testigos del encuentro relatan que el cantante esnifó una porción de rapé y se dejó besar el anillo como si de un cardenal se tratase. Luego tomó aire y suspiró. Disfrutaba. Son esos grandes momentos que concede el poder, y es humano que quisiera estirar la situación. Ese día descubrió que era un sibarita del poder. Su gesto de satisfacción fue algo más que la consecuencia de un elogio, quizá el anticipo, con la boquita fruncida y un destello en los ojos, de un regalo más carnal. No sirvió de mucho. El consejo de Ignacio de Loyola sigue en vigor: «En tiempos revueltos, no hacer mudanzas».

Il cardinale es un hombre atento, pero no tiene fama de corruto [*sic*], y no admitió la sumisión ni el intercambio. Quizá albergara algún tipo de resentimiento por la rebeldía periodística de los tiempos pasados, alguna cuenta pendiente por cómo habría contado aquello de Tamayo, la filtración de los listados de llamadas desde el móvil de aquella pareja, versión federación socialista de *Bonnie and Clyde*. Un domingo, después de la huida de la pareja, aquel funcionario del partido había distribuido a algunos periodistas «de investigación» los listados de las llamadas de los forajidos. No todos le hicieron caso. Ahora podría haberle dicho a aquel rendido locutor, lo que lanzó Marlon Brando en *El Padrino* a aquel miembro de la familia que había estado alejado de la protección de don Vito Corleone: «Ya no me pides favores, ya no me llamas padrino».

Testigos de la escena precisan que se limitó a tamborilear con las uñas en la superficie pulida de la mesa, y a mirarle con dulzura contenida, como al hijo pródigo. Entre sus allegados se extendió la duda sobre aquel comportamiento del hombre del poder. No sabían si se trataba de un gesto de honradez enmarcado en una antigua tradición o más bien el reconocimiento de que aquel que se ofrecía no les servía en el fondo, para nada. ¿Y si hubiera sido otro? La oferta no debió de ser tentadora. Aquel penitente no estaba en la lista de los periodistas que meses atrás, en las navidades de 2003, habían recibido una tarjeta roja del partido con la firma de su secretario general y este deseo, como una carta a los Reyes Magos: «Espero que este año sigas fiel a tus principios».

Escribo esta historia consciente de que no es bueno que se sepa. No por la flagelación moral de los personajes que compusieron aquel acto de la sede federal, sino porque a partir de ahora cualquier otra escena de este tipo palidecerá como la obra de *dilettanti* incapaces de alcanzar la perfección, la lucidez, la economía de medios y la tensión sentimental e intelectual que son características de la obra de arte. Todo lo que venga después será una burda imitación, un pobre remedo de cuanto sucedió aquella tarde.

Mi primer plan de resurrección había fracasado. No valía para el negocio, ni para el trapicheo, me distraía en las tertulias, y nunca sería capaz de aprender las sutilezas de la corrección política. Por otra parte el género tertuliano se había convertido en una pelea de sargentos chusqueros en la cantina militar, reuniones de autómatas del insulto a los que echas monedas por una ranura y organizan un espectáculo, bandas encanalladas entrenadas para pensar y decir sólo lo opuesto al contrario, y «todólogos» expertos en el cosmos desde la creación por el big bang hasta el siempre cercano pero a la vez impredecible Apocalipsis . No era lo mío, lo había criticado y no era coherente estar dando vueltas por esos barrios y cantando como en aquel tango del Cuarteto Cedrón: «Eche veinte centavos en la ranura, si quiere ver la vida color de rosa». Al término de aquella fase aciaga Trucker cayó en el olvido. Sus libros se almacenan en el desván, a la espera de encontrar nuevos cómplices o subordinados con los que aplicar sus teorías.

La gestión de mi tiempo pasó a ser un caos. Era lo único que tenía y lo empecé a derrochar. Comencé a salir de madrugada en bicicleta. A nadie le sorprendió porque nadie se dio cuenta. En mi familia duermen como troncos. El portero de una residencia de ancianos vecina, un marroquí polígamo, se mantuvo al margen, o más bien en su margen. Todas las mañanas, al abandonar el garaje, le encontraba rezando en dirección a La Meca, pidiendo por Rodríguez y por la Alianza de Civilizaciones, convencido de que una iniciativa tan sana le iba a permitir traer a toda la gran familia que había dejado en una aldea de las estribaciones del Atlas. Si salía algo más tarde de lo habitual, más allá de la hora que marca el Corán para el rezo, lo encontraba dormido en la garita de vigilancia, con las piernas sobre la mesa y la puerta abierta de par en par, favoreciendo sin duda otras alianzas más ocultas, menos civilizadas pero mucho más provechosas. Durante el día el mahometano estudiaba catalán en una academia de la calle Sagasta. Tenía la esperanza de reunirse algún día con parte de su familia política, que residía en Granollers, donde tenía una carnicería y una tienda de telefonía móvil.

De la noche a la mañana di un giro a mi vida, aparqué las enseñanzas de Trucker y me entregué a los libros de autoayuda psicológica. Una tarde regresé a la Casa del Libro en busca de un texto que al ver los de Trucker, sólidos y científicos, había despreciado: *Cómo salvar tu culo*. No es ninguna broma. El título es real, y se puede encontrar entre otros muchos que enseñan a tener amigos, a detectar al trabajador que es capaz de hundir la empresa, a dominar el violín en cuatro semanas, a memorizar las páginas amarillas de Nueva York, a disfrutar de orgasmos en cadena, o a leer *Anna Karenina* en tres días con un método de lectura rápida. Lo había desdeñado con el pretexto de que todo libro responde al título que lleva en la portada, y sin embargo muchas veces no es así. Aquella frase permaneció en mi memoria, y afloró en el justo instante en el que Trucker se sumergía hundido por los torpedos de mi mala vida. Tenía algo más que un culo que salvar, pero había que empezar por alguna parte de la anatomía, por muy irrelevante que fuera. Habían pasado tres meses desde la cita con Eleuterio en el Villamagna. No había vuelto por aquel hotel porque no quería provocar un nuevo encuentro. Las cosas seguían igual. Mi tono vital era el de la depresión, mis amigos un residuo de fracasados contadores de viejas batallas, como excombatientes de la primera gran guerra. Mi horizonte se había estrechado. No había futuro a la vista, ni siquiera indicios de claridad. El ruido en los oídos continuaba, los triglicéridos por las nubes. Vivía al día, con lo puesto, sin más ocupación que un par de libros de destino incierto. Estaba pensando en emprender largos viajes, que es lo que uno hace en estos casos para poner tierra de por medio. Pero es quizá pronto para abordar ese tramo de la historia, porque eso ocurrió después de una noche de timbas.

3
Segundo encuentro

Pronto volví a meterme en líos. No aprendo. Sólo las óperas de Verdi consiguen abrir en mi vida períodos de sosiego. Por entonces me preocupaba todavía lo que pensaran de mí, a pesar de ser uno de los seguidores adictos a las lecciones de moral civil de Josemi Rodríguez Sieiro en Onda Cero, que recomienda desdeñar de forma absoluta la imagen que nos devuelven, en este país deformado hasta la atrofia por la envidia. El infierno no son los otros, pero a veces lo parecen o hacen lo posible por serlo. Una noche de farra en Amor Brujo, un pub de la calle Príncipe de Vergara, mi vida se cruzó con la de un médico que se tomaba los gin-tonics como si un condenado a morir de sed hubiera recibido una súbita absolución. Era traumatólogo de un hospital de Madrid. El riesgo del reconocimiento público es que todos los que creen tener derecho a sentirse peor que tú te abordan y te narran sus historias, como si te ofrecieran una medicina, un bálsamo para las heridas. Aquel médico tenía razones para sentirse en un infierno particular espantoso. Hacía unos meses una banda de secuestros rápidos había tomado como rehén a su cuñada. La cuadrilla de delincuentes era un grupo de canallas torpes e iletrados, sin más inteligencia que la que procuran el hambre y la satisfacción del instinto.

Dos horas después del secuestro se pusieron en contacto con la familia. Las reglas eran de algún manual aprendido en películas de la serie B: ni una llamada a la policía, y el rescate en billetes usados, sin numeración consecutiva, que debían entregar en una bolsa de basura, dos días después, en un punto que se les diría a través de un teléfono móvil. La familia llamó a la pasma, que se lo tomó con paciencia, y les aconsejó prudencia y seguir los pasos que marcaran los bandidos. Así lo hicieron. Dos días después, mientras conducían de noche por una carretera remota de Colmenar de Oreja, recibieron una llamada en el teléfono móvil. Un minuto después la voz les dio órdenes de arrojar el saco con el rescate por la ventanilla derecha. Aquella misma noche, de madrugada, agentes de la Guardia Civil encontraron a su cuñada atada a un pino en un bosque cercano a la localidad. Estaba viva, dormida y narcotizada. No recordaba nada, sólo un pasamontañas y una voz de hombre que le daba las órdenes y la comida.

La liberación de la mujer fue el comienzo de otros problemas. Los vecinos hablaban sobre el dinero que tendrían y las razones del secuestro, y los rumores fueron creciendo y la historia oral llegó a una conclusión: la familia había organizado el secuestro para cobrar del suegro de la chica un dinero que de otra forma no habrían podido conseguir para los vicios de una vida licenciosa. Cambiaron de casa y de barrio, se fueron lejos, pero la historia les siguió como una sombra. Un año después detuvieron a los secuestradores. Uno de ellos era conocido de la familia, alguien cercano. Quince años antes del secuestro, el entonces estudiante de medicina había visto sobresaltado que una casa de la vecindad era pasto de las llamas. Era madrugada. Llamó a la policía. El incendio había sido provocado. Un hijo había dado fuego a la casa para terminar con la vida de su padre, con el que tenía desavenencias de dinero. La llamada del estudiante abortó el crimen. Cuando el hijo salió de la cárcel, un día, en la calle, le juró al estudiante que algún día pagaría cara aquella llamada. Era una historia íntima, porque cuando el perverso secuestrador fue detenido de nuevo a nadie le interesó, se lamentaba el médico, aclarar aquel suceso y restaurar el buen nombre familiar. Me pareció una historia novelesca. La realidad es más perfecta que cualquier ficción, y además más verosímil. Bastaba ver las enormes marcas que el tiempo y el secuestro habían dejado en el rostro de aquel traumatólogo. Aquella noche tomamos hasta enloquecer, acompañados en el último tramo por dos mexicanas que odiaban a los mariachis y a los hombres con bigote.

Estaba la nación por aquel entonces metida de lleno en el debate sucesorio de la monarquía. Era un asunto intrascendente manejado con criterios irrelevantes. No se hablaba de otra cosa en la Corte. Se trataba de cambiar con urgencia la Constitución para adecuarla a los consensos sociales establecidos sobre la igualdad de la mujer y contra la prevalencia del varón en la línea sucesoria. La propuesta implicaba eliminar una discriminación para instaurar una nueva, pues tan injusto es preferir al hombre sobre la mujer como descargar la suerte de la herencia sobre el primogénito frente al resto de los hijos. En lógica y justicia la Corona debiera saltar de una cabeza a otra a través de un sorteo o de una oposición con examen psicotécnico entre la descendencia familiar. Ya que ha de ser hereditario, añádanse elementos que pongan a la prole en igualdad de condiciones.

Una vez que cumplan los dieciocho, cuando todos hayan llegado a la mayoría de edad, se podría celebrar un sorteo ante notario, y el ministro de Justicia, como notario mayor del Reino, ser el encargado de anotar las bolas, agitar el saco y sacar de entre ellas la que hará sonreír a uno de los descendientes de nuestro futuro rey. La ceremonia se podrá transmitir por televisión e internet, y difundirse a través de los móviles a toda la red, que para entonces tendrá celulares de banda ancha y alta definición. Otra posible fórmula podría ser una elección paterna. Como en las empresas familiares, donde el padre prueba la idoneidad de los hijos a través de años de formación y observación, admitiríamos con grado que fuera el padre, o el abuelo retirado por una abdicación prudente, el que dijera, reunido el consejo familiar, quién debía asumir las tareas de la Corona. El riesgo de abrir la mano en el sistema de selección del mejor implica que la apertura puede ser general, y entonces se podría presentar cualquiera, y estaríamos por tanto en el caso de la república, y tampoco es eso, ¿o sí? Brindo esta idea a nuestro presidente, consciente de que lo que más le gusta en esta vida es correr riesgos sin tener la más remota idea de qué hacer cuando se encuentra en mitad del río. Desde que fue elegido juega con la nación como si fuera un Jumanji. Le recuerdo de paso una frase que le escuché en cierta ocasión a su compañero de partido Enrique Múgica: «Si la monarquía ha funcionado, ¿para qué cojones queremos una república?». Un politólogo dijo lo mismo de una forma más seria y elaborada. Los sistemas políticos con rey tienen más estabilidad que las repúblicas al estilo de Francia e Italia. Conviene tener una figura al frente del Estado que se sitúe fuera de los avatares ideológicos de los grandes partidos. Los cojones de Múgica pueden estar representados por algunos casos prácticos, como la Francia de Jacques Chirac, mentiroso compulsivo o la Italia de Francesco Cossiga, aquel presidente de la República que se iba por las tardes a la prisión de Rebibbia a tomarse un capuchino con Renato Curzio, pistolero de las Brigatte Rosse.

El asunto que es que todo aquel lío me parecía irrelevante, y venía a tapar, con el pretexto del cansancio, asuntos de más fuste y trascendencia como la reforma/abolición del estatuto catalán. El día del nacimiento de Leonor (me niego a otorgar a la niña el doña que se da a las casadas, como si no tuviera derecho a una infancia de afectos y juegos) me llamaron de una tele para que fuera a opinar. Me hice el loco y les di esquinazo. No tenía nada que decir, porque para expresar lo que les he contado que es mi punto de vista me sobrarían ocasiones en las décadas posteriores. Conozco el juego. Si has tenido cualquier grado de amistad con los padres, en la tele te presentan como el que cambia los pañales de la niña. Lo dice la presentadora, sin avisarte, y tú procuras que tu cara de imbécil no se note en la cámara a riesgo de hacer un ridículo esférico y dejar una pregunta en el ambiente: «Si no es como ella dice, ¿qué demonios hago yo aquí?». Así que preferí esquivar la invitación, porque es una desgracia que hayas nacido y veinte minutos después toda la tele nacional esté opinando sobre la vida que te espera y los apaños que tendremos que hacer para que no nos des más problemas de los que tenemos. Todo aquello me producía una enorme desazón.

Posturas e imposturas

Aquella misma noche, con más curiosidad que temor, acudí a una cena organizada en el reservado de un restaurante por un conocido comisionista de la capital. Cuando uno está en mi situación lo acepta casi todo, y sobre todo aquellas oportunidades que suponen unas horas de emoción y de conocimiento. He asistido a fiestas de todo tipo. He frecuentado bailes salvajes, fiestas de disfraces, farras de abogados ansiosos de una noche ilegal, cenas de peluqueras, vísperas de ingenieros, juergas de legionarios educados como alumnos de los Maristas, fiestas en pisos, en restaurantes, en reservados, en clubes, en parques de bomberos, en colegios, en la calle, muchas veces en la calle, y en todas ellas he encontrado una humanidad variada, decadente, reiterativa, ávida de novedades, cuando lo interesante es lo que se repite, una y otra vez, año a año, siglo tras siglo. Tardé en llegar a esta conclusión. Entretanto lo pasé muy bien, porque soy muy puntual para las fiestas, y no sé despedirme y decir adiós y por tanto soy el último en saludar al anfitrión y para esa hora suelo estar arrasado por la ebriedad festiva. No se me puede pedir que además de haber sido condenado al infierno me mantenga alejado de las malas compañías. Es como si a Jonás, después de haber sido arrojado a las fauces del mar embravecido, sus compañeros de viaje le hubieran exigido que se mantuviera seco.

Llevaba semanas encerrado en casa escribiendo, esclavizado por una editora rubia, alimentándome como un náufrago, de bocadillos de sardinas en aceite. Desde hacía meses me movía por la vida sin cálculo ni prudencia. El fósforo de las espinas del pescado azul había activado mis viejas conexiones neuronales y de nuevo volvía a darme miedo a mí mismo. La libertad de estar sin cargos ni cargas es un estado anímico euforizante. Me vino a la mente una frase que había leído en algún rincón de la prensa: «El infierno es una libertad sin restricciones». Es una lástima que ese biorritmo elevado no se corresponda con otras prestaciones también interesantes que mejoran la imagen de uno mismo en algunos ambientes femeninos (ellas son siempre nuestros mejores agentes de publicidad), pero no se puede tener todo, aunque algunos lo tengan desde hace tiempo.

La persona con quien cené tenía un apellido de origen ruso. Esto, que en la época de la guerra fría era algo, ahora se había convertido en nada. Una cosa es trabajar para la eficaz KGB y otra bien distinta tener una imagen ligada a las mafias. Era este un célebre anfitrión, hombre de tamaño ornitológico, capaz de reunir a las más variadas compañías en torno a una mesa. A tenor de sus lugares de reunión, y de su afición por las cocinas y los vinos, uno pensaría que su gran pecado era la gula, pero no era así. La lujuria dominaba sus impulsos. A su edad se trataba de una pulsión mental, satisfecha no ya por sus órganos centrales de reproducción sino por manos y ojos, que habían tomado el relevo de otras vísceras más tiernas. Como en los ciegos, cuyo olfato y oído se desarrollan hasta intentar suplir la carencia de visión, su vista palpaba y sus manos veían, y todos sus sentidos activos organizaban el inútil empeño, la aventura imposible de gozar y multiplicarse. El anciano pasó la cena entre dos bellas morenas entradas en años, posando sus manos ora en una, ora en la otra, excitado ante la proximidad carnal y el juego de sombras de sus escotes. Sus ojos parecían dos saltimbanquis del Circo del Sol. La cena había comenzado con un ligero ambiente de tensión. Nuestro anfitrión estaba celoso. No se tomó muy bien que las morenas hubieran traído ejemplares de *Días de ruido y furia* para que les dedicara los libros. Una de ellas tenía la edición numero siete. La más joven sin embargo había comprado la segunda, lo había leído, y comentó algunos pasajes con muy buena memoria. Cada vez que veía aquellos topos rojos en las cubiertas recordaba la alegría desbordante de mi editora que comunicaba a sus colegas los saltos de edición con gritos entusiastas.

He dicho anciano y dudo porque a pesar de tener la certeza de que superaba los setenta por la cronología de las historias que narraba y en las que había participado, su rostro, sus ojos y su piel indicaban una edad tan indeterminable como sus fuentes de ingresos o su ideología. Su cutis tenía la tersura que a veces se puede encontrar en ciertas clases del clero, un aspecto virginal, inmaculado, una piel transparente. Su oficio era ignoto. Su beneficio, a tenor de su tren de vida, cuantioso. A veces las cosas que menos se ven son las que uno tiene delante. Sospecho que su actividad más lucrativa eran aquellas cenas en las que presentaba a gentes de la política y empresarios, enlazaba las vidas de divorciadas con industriales, directores de medios con productores, altos funcionarios con soldados de fortuna, marchantes con compradores de arte con tanto dinero como ignorancia. Los ágapes comenzaban con un intercambio de tarjetas y *dry martinis*.

Aquella noche las estrellas eran una gruesa periodista especializada en la crítica gastronómica y un sociólogo que ocupaba funciones de secretario de Estado de no sé qué. La mesa se completaba con un alto directivo de una petrolera recién llegado de un viaje por la Argentina, y su esposa, una sexóloga recauchutada, que lucía una larga cabellera color caoba. Tengo un recuerdo en claroscuros, como si los personajes salieran de un mundo teatral de sombras, como en los cuadros del Caravaggio, iluminados por lámparas de luz lateral, capaces de proyectar una sombra tan intensa como la claridad que ilumina sus rostros. La conversación se inició por asuntos de la más vulgar actualidad, pero pronto derivó hacia las coordenadas exóticas que marcaban el matrimonio del ingeniero experto en perforaciones petrolíferas con una experta en el bricolaje sexual.

La consultora era una mujer contracorriente. Sostenía que su matrimonio, que duraba ya quince años, descansaba sobre la pasión y la atracción sexual, algo que al verle a él hubiera sido imposible sospechar. La gastrónoma por el contrario había consumido tres matrimonios por la misma razón, es decir, impulsada por la renovación del deseo carnal. Agotaba a sus amantes como si fueran litros de aceite en tetrabrik. La periodista confesó que le vendría bien una consulta de asesoramiento para administrar su oferta erótica con el mayor rendimiento. En aquel momento pensé que somos un país donde se multiplican los consultores, asesores, entrenadores, analistas, y donde por el contrario cada vez es menos la gente que produce y trabaja.

El anfitrión disfrutaba como un trapecista en los saltos mortales. La mujer del petrolero explicó el secreto de su estabilidad matrimonial. Para ella era fundamental estar siempre disponible para su esposo, dispuesta a satisfacer sus más oscuros deseos, sus caprichos más elaborados. Las consultas del trabajo le obligaban a viajar. Nunca lo hacía sola. Si no la acompañaba su marido se llevaba a uno de sus tres hijos para disuadir marcajes estrechos, porque era consciente de que había llegado a un grado de perfección anatómica que le permitía seducir a cualquier humano, ya fuera nacionalista catalán o coreano, democristiano o leninista recalcitrante.

Todos pensamos que se trataba de institucionalizar la sumisión, de darle una apariencia legal. Simulé un brote de envidia por aquella disposición tan entregada a satisfacer al marido. Recordé el consejo de Eleuterio, su intuición, seguramente manipulada, de que los pecados capitales se cometen de cintura para arriba. Por entonces todavía pensaba que la pasión decrece con su ejercicio, y que el poso del amor, una vez precipitado y asentado en el fondo del lago, es un disfrute mucho más largo y placentero, más difícil de conseguir que una buena *performance* erótica, así que me callé. De nuevo mis ideas se encontraban fuera de lugar, pasadas de moda, inadecuadas para una tertulia.

El petrolero no hablaba, se limitaba a masticar, primero un

arroz con cigalas, y luego unas perdices con uvas, y a cada expresión de sorpresa de los comensales esbozaba una media sonrisa, consciente de lo que todos imaginábamos y nadie se atrevía a verbalizar. Sólo a los postres, cargado de vino, cuando la gastrónoma insinuó que un hombre sexualmente satisfecho sería incapaz de gobernar con mano dura una empresa tan grande, el ejecutivo explicó que él era partidario de ser temido antes de ser amado, ya que compartía con Maquiavelo la idea de que el hombre es un ser «ingrato, voluble, mentiroso e impostor, cobarde y ávido de ganancias». Pude dar unos cuantos ejemplos pero me los guardé.

Sus éxitos en el dominio de sus subordinados y la consecución de los objetivos marcados por su dirección eran celebrados con gestas eróticas más propias de un gimnasta. No entró en detalles, pero intuí que la cuenta de resultados y la junta de accionistas eran fechas señaladas, hitos en la historia de la sexualidad de aquella pareja. Nos sorprendió aquella salida, y pasamos a discutir sobre la naturaleza humana y la bondad o maldad del género. Para entonces el alcohol nublaba algunos razonamientos y el secretario de Estado se atrevió a formular algunas ideas de muy poca corrección política sobre la inmigración y los servicios sociales. Hablaba con una enorme claridad, no con la retórica de términos secundarios que suelen utilizar los especialistas del gremio de la sociología metidos en política. Los progresistas hablan de integración y del respeto cultural a las minorías, con la esperanza de que el día que ellos sean minoritarios tengan un rincón donde rezar a la diosa de la razón y a sus fetiches socialdemócratas. El secretario hablaba de olores, sabores, consultas atestadas de moros, pateras con cocina y GPS, mafias de la inmigración y proxenetas forrados en limusina que pasaban a hacer la recaudación por las grandes avenidas de Madrid sembradas de prostitutas. Fue otra sorpresa de aquella noche, hasta entonces tan entretenida.

A la hora del coñac, como el mago que obtiene agua de una jarra antes seca, el anfitrión puso en el ambiente la idea que explicaba aquel encuentro tan extraño, el propósito de aquella cena tan heterogénea. Se trataba de organizar unas jornadas en una universidad de Madrid, una semana de la gastronomía y el erotismo orientada a mejorar la vida sexual y la alimentación de los españoles. Su plan era invitar a grandes cocineros y expertos en la mesa, a técnicos del sexo como nuestra compañera sumisa, y atraer a periodistas capaces de contar con una óptica picante todo lo que allí se produjese. El papel del secretario/sociólogo era el de subvencionar con dinero público todo aquel invento, y el de obtener la rentabilidad política de unos minutos en las televisiones y las radios, y unas líneas en la prensa. Alguien tenía que dar la cara. Estaba claro que no creía en nada de todo aquello, y es probable que no creyera en absolutamente nada, pero veía en aquel plan una oportunidad de abandonar por unos días la gris mediocridad del ministerio para convertirse en un abanderado del sexo en salsa verde.

Nos despedimos, y estoy seguro de que todos, hombres y mujeres, pensamos si la cena habría sido tan estimulante como para que el petrolero tuviera aquella noche un súbito deseo que comunicar a su rendida esposa. Sospecho que todo era una pose, un reparto de papeles ensayado para elevar la cotización social de la pareja. Desde hacía unos años la vida pública había entrado en un proceso de «obscenificación». Todo lo privado se exponía en la plaza sin ningún tipo de pudor, lo cual no permitía conocer la verdad, sino tan sólo algunas patologías. Esa tendencia hacia lo obsceno marcaba además un terreno fácilmente manipulable.

Lo más notorio era siempre lo más extraño, y cualquier anomalía pasaba a tener una consideración de normalidad. Si además estaba practicada por una minoría, pasaba incluso a tener la categoría de comportamiento digno de ser protegido de la brutalidad de las mayorías, siempre tan avasalladoras con los raros. Para dar rienda suelta a lo excéntrico se dispusieron varios escaparates: unos cuantos programas de televisión denominados «de realidad». Todo esto derivó en la creación de un personaje que se interpreta a sí mismo y da rienda suelta a una personalidad exuberante: el friqui. Algunos de ellos, para mantener el negocio de su fama han derivado hacia lo diabólico y lo satánico, con los que coquetean con una espeluznante frivolidad. En la puerta nos cruzamos con un grupo de dentistas que abandonaba otra de las salas. Debía de ser idéntico negocio porque nuestro común amigo saludó con gentileza y sobrias maneras a otro ser similar que encabezaba el grupo. En fin, cumplidas las despedidas quedamos en la puerta el anfitrión y yo, solos, los dos únicos que habíamos llegado a la cita sin pareja, sin ama ni sumisa. Nos dimos un abrazo. Tenía la nuca fría. Su cuerpo apenas llenaba el abrigo. Al separarnos di un salto hacia atrás. Fue en ese momento cuando reconocí la encarnación pura de lo subterráneo.

—¿Te apetece una copa? —sonrió.

—Por supuesto.

—¿Alguna preferencia?

—¡Sorpréndeme! —Al pronunciar estas palabras tuve la conciencia simultánea de mi error: nunca debí ser tan imperativo.

4
Entre la multitud

¡De modo que tengo que escoger entre la muerte y el destierro! —exclamó Des Esseintes, exasperado.

J. K. HUYSMANNS, *Contra natura*

—¿Qué te hace sentir bien cuando te sientes mal?
—Mi familia.

ROAL DAHL, *Charlie y la fábrica de chocolate*

Durante mucho tiempo he paseado entre la multitud con la certeza de que mi presencia dividía el mundo en dos: los partidarios y los detractores, las derechas y las izquierdas, los amigos y los enemigos. Un psicólogo habría catalogado en esas *promenades* todas las declinaciones de la pasión: el odio, la furia, la venganza, el ensañamiento sádico, la piedad, la lástima, la adhesión incondicional, el afecto solidario, la admiración clandestina, la indiferencia, la bendita indiferencia, y también, por qué no reconocerlo, el improbable deseo. La televisión hace milagros, crea mitos y los destroza, pero siempre queda el personaje. No fui consciente de todo esto hasta que bajé del coche oficial y comencé a pasear por las calles y las grandes alamedas que decía un mal poeta. Desde mi punto de vista la izquierda suele poner una cara muy parecida a un cuadro de Tàpies. Los de la derecha suelen ser más amables, pero ésa es sólo mi experiencia, y siempre estoy dispuesto a admitir excepciones. El centro, en toda la amplitud de la palabra, es en España un pretérito perfecto. Ha desaparecido, disuelto en la sangre de tantas batallas. Hemos vuelto a los extremos, al garrote. Las bandas acampan en los solares, vigilan sus armas y se calientan en sus propias hogueras. Si te ven hablando con alguno de ellos serás un traidor para los tuyos. Han vuelto al uso cotidiano palabras cargadas de plomo mientras los bandos se sienten acosados. Pero la hipocresía es una moneda corriente. Sometida al potro de la crítica, la izquierda dirá que se siente perseguida, tratada sin justicia. Si es la derecha la que manda, la izquierda dirá que se trata del legítimo ejercicio de la libertad de prensa. Es el resultado de varios años de siembra del odio. Ahora llega la cosecha, ubérrima, cargada de sangre como un carro medieval lleno de cadáveres después de la guerra. En este infierno reiterado, todos tenemos la impresión de estar enredados en un círculo en el que se repiten las mismas querellas, con distintos personajes.

En el corazón de los españoles vuelve a anidar el odio, el rencor, las pasiones tristes que diría Spinoza, lo que en el Sur llaman *la mala follá*. Y en estas situaciones no hay nada más satisfactorio que llevar una vida anónima, algo así como de burgués en una «España entre dos guerras civiles» que diría Gil de Biedma, si se me permite la cita. Se hace incómodo no dejar a nadie impasible, como comprobaría en estos meses, gracias a algún viaje al Norte-Sur de España. Y sin embargo, se lleva, es lo que hay. Peor debe de ser dejar indiferente al respetable. El evangelio, ese texto que cita tan a menudo Pepiño Blanco, lo confirma: «¡A los tibios los vomitaré de mi boca!».

El español ha elegido la actitud zen y las ideologías adelgazadas de las corrientes *new age* para enfrentarse a los grandes problemas de la existencia y del mundo. Para el resto mantiene una actitud violenta. Ahora está bien visto combatir el terrorismo con la actitud estúpida de que todo el mundo en el fondo tiene un alma buena y aunque cueste, acabaremos encontrando ese poso de bondad. Hemos leído mal a Rousseau, y los responsables de las instituciones penitenciarias dicen que es mejor que el delincuente no llegue a la cárcel. Les confieso que cuando lo escuché no sabía si se trataba de una propuesta encubierta para volver al saco de cal viva para eliminar cadáveres y pruebas. Sería un nuevo formato del infierno, una tierra en la que los delincuentes, todos los canallas, se pierden por el camino, rehabilitados antes de llegar a prisión. Gallizo, así se llamaba la administradora que lo propuso, había pasado de la comisión de RTVE en el Congreso a encargarse de las prisiones, y eso marca, nunca es gratuito. Al que asesina hay que reconocerle su identidad para que deje de matar, y de paso olvidar los crímenes y entregarle un trozo de la casa para que nos desaloje sin que protestemos. El que degüella a un taxista en Bilbao por unos euros es una víctima del contexto. Al que incendia París hay que darle más subvenciones, un coche, una casa, y una chica, y pasta para gasolina. Eso sí, al que se le ocurra declararse proatlantista, a ése hay que darle una ensalada de leches para que se le vaya pasando la tontería.

La popularidad, que ya sólo sirve para que te hagan sitio en un restaurante y para que te miren mal los enemigos, también tiene sus grandes momentos. Una tarde paseaba por Sevilla con un amigo recalcitrante que sostenía que mi afición estaba compuesta de carcamales, dinosaurios que caminan hacia el abismo del tiempo, figuras decadentes de cuerpo y pensamiento. Es el desprecio que siente la progresía por las edades avanzadas. Sostienen que si los jubilados votan de forma mayoritaria por la derecha debe existir en la evolución personal de los individuos una tendencia hacia la degeneración neuronal que contradice su fe en el progreso constante de las sociedades. Para ellos, el voto vale si eres joven; si eres mayor está corrompido por tu edad. Hegel refutado por el Inserso.

Yo prefiero creer en la persona, y en su capacidad de modular con la experiencia un conocimiento que a otras edades es sólo teórico o intuitivo, un tanteo en la oscuridad del mundo. Quien no ha vivido no sabe nada de nada. Pero regresemos a la pequeña anécdota de aquella tarde sevillana, sin intención de elevarla a condición de categoría. Caminábamos por las cercanías del hotel Colón, cuando de una de las aceras, la situada a nuestra izquierda, surgió espontánea una bella joven, un ejemplar soberbio de la perfección que puede alcanzar la naturaleza, una mujer de una belleza estremecedora, que cargada de instinto exclamó: «¡Urdaci, vuelve pronto!». «Muchas gracias, me temo que tardaré un poco», respondí, aunque mi voluntad ante aquella perfección me pedía volver en el acto. «Te echamos de menos», añadió. Sonreí a mi amigo Risquet, que tomó nota y tachó en su mente una hipótesis más de las suyas, refutada por la más bella realidad de aquella tarde sevillana. Después las he visto más guapas, pero ninguna se atrevió a decirme que me echaba de menos.

Vox populi

Estas situaciones, más frecuentes de lo que uno está dispuesto a reconocer por modestia, equilibran el juicio que se puede leer a veces en la prensa, aunque he de reconocer que durante mucho tiempo no he leído los periódicos, y aún hoy no me asomo a algunos ni pienso hacerlo en lo que me quede. No se trata ni de resentimiento ni de alergia a ninguna libertad. Es todo lo contrario. Cada uno escribe lo que quiere, y uno lee lo que le da la gana. Se puede vivir sin hojear el diario independiente de la mañana, órgano de filtraciones ministeriales y bilis anticlerical. Se puede hacer el amor con una calidad óptima sin consultar sus páginas. Se pueden vender libros, muchos libros, sin recomendación ninguna de sus alfacríticos extravagantes. Se pueden leer novelas mucho más apasionantes y novedosas que las que se recomiendan en sus páginas. Y hasta es posible que tengamos una visión de la realidad mucho menos manipulada si evitamos las intoxicaciones de un papel impregnado de veneno sulfúrico. La prensa internacional da en internet servicios muy completos sobre la actualidad en el mundo, desde Kirguizistán hasta Guatemala. En este tiempo me he informado por otros diarios, por algunas radios y unas cuantas páginas de la red, y he evitado aquellas zonas de los medios escritas con el hígado o con el único objetivo de la cuenta de resultados. Lo recomiendo. No hay nada más sano que evitar las campañas, eludir las ofensivas, replegarse con indiferencia cuando arrecian movidos por el odio y el resentimiento. Ya lo decía Mao en sus estrategias de la guerra: «Retírate cuando el enemigo ataca; ataca cuando se retira el enemigo». No hablo de la crítica, sino de las persecuciones. La frase del chino es buena, el consejo también, aunque les debo reconocer que me cuesta citar al dictador, por su rastro de crímenes y porque además era un guarro que en sus últimos días alimentaba un rescoldo de pasión con la carne fresca de jóvenes chinas criadas en la sandez delirante de su revolución cultural.

Durante meses, cuando ya no era más que mi nombre y mi apellido, desnudo de cargos y responsabilidades, he visto cómo cualquiera de mis pasos, un mes de vacaciones, un mes sin empleo y sueldo, un estornudo, una hernia, por oculta que fuera, llevada con la máxima discreción, tenía su seguimiento en algunos medios. ¡Todo eso sin pasar una tarde con Ana Obregón! Era como ser el malo de la clase, al que el profesor vigila en espera del primer desliz para expulsarle con motivos probados. Hicieron crónicas con algunos sucesos banales. Sin embargo no se enteraron de los principales. Ahora les puedo contar algunos, que quizá les pueden entretener. Una tarde de julio de 2004 estábamos en el aeropuerto Logan de Boston. Uso el plural porque un viaje familiar, el viejo sueño de pasar un mes itinerante por Estados Unidos. Antes de Boston habíamos recorrido el estado de Nueva York y el de Vermont, tierra rural de grandes bosques y pueblos blancos con casas de madera, iglesias de todas las confesiones, campos sin barreras y banderas con las barras y estrellas en todas las ventanas. Una mañana entramos en una tienda de antigüedades y nuestro querido Adrián encontró una réplica perfecta de un revólver de los que se usaron en la conquista del Oeste y en los duelos con que los vaqueros medían los límites de su territorio y sus fronteras morales. Era una joya, pero también un juguete políticamente incorrecto. Lo compramos. Durante aquellos días la pistola fue la envidia de todos los niños del estado de Nueva York. Era lo que siempre habían deseado y nunca se habían atrevido a pedir. Estoy seguro de que esa frustración provoca delirios en la edad adulta, y una necesidad imperiosa de comprar un revólver de verdad.

Al llegar al aeropuerto de Boston introdujimos las mochilas en el detector de metales. Yo fui el último en pasar. Después de los controles de bacterias y cuchillos, cuando llegué a la zona de seguridad, encontré un enorme revuelo, lágrimas de los niños y una alteración general en la que un policía gritaba que nuestros pasaportes estaban retenidos y nosotros cuatro a merced de la policía federal. El incidente se resolvió con la confiscación del juguete y una enorme reprimenda de los policías. Tres jóvenes estudiantes españoles contemplaron la escena alarmados por la paranoia de los policías. Por un momento temí una indiscreción. No me costó imaginar los titulares de la prensa digital. No dijeron nada. Quizá porque nos portamos con una corrección exquisita, como es nuestra costumbre, en esta y en cualquier clase de alborotos. A todos los que han prestado atención a mis avatares les agradezco el interés con el que han seguido mis pasos, pero a veces las intenciones eran claras: cortar el paso, poner troncos en las ruedas de la bicicleta, acosar, interferir, dinamitar, hacer pagar una factura de odio que ellos mismos habían generado. Reconozco que en ocasiones, como en la estrategia del yudo, he aprovechado la fuerza del contrario en beneficio propio para buscar publicidad, una página en un diario con un mensaje dirigido, un momento de incierta gloria. No podía ser de otra manera.

En todo esto existe una norma importante, crucial, una de esas reglas que cuesta entender. Sabemos que no existe fama sin prensa, y que es célebre, en la política, en la economía, los negocios o el altruismo, sólo aquello que la prensa y los medios audiovisuales deciden que lo debe ser. Todos buscan la buena fama, o el silencio, salir bien o no salir. Ésa no es la cuestión. El que mejor ha entendido el mecanismo es un escritor francés del siglo XIX. Maurice Joly escribió *El arte de medrar. Manual del trepador.* En el libro segundo, *Del poder y la ambición*, escribe: «Una gran reputación es un gran ruido, y cuanto más ruido se haga, más lejos llega; las leyes, las instituciones, los monumentos y las naciones, todo esto cae, pero el ruido permanece y resuena en otras generaciones. ¡El ruido! He aquí el prestigio». El ruido eleva la cotización de quien lo organiza. «Que hablen, aunque sea bien». Para el famoso, el silencio es la muerte. Cuando hace ruido todos se pelean por tenerle, todos quieren un poco de ese guirigay, un rato de carracas y tambores. Cuando pasa mucho tiempo sin aparecer en el medio alguien puede tener la duda de que haya muerto, porque el no salir equivale a la desaparición. Hay quien vive en la televisión, sin saber que fuera existe otra vida y es mejor.

También el enemigo es a veces poco inteligente y es capaz de convertir a un hombre bajo como Jiménez Losantos, en un gigante. Con cuatro ataques mal leídos, con dos puyas mal puestas, Montilla le regaló el suplemento de altura que la naturaleza le había negado. Le hicieron un hombre. Federico respondía a los ataques desde las seis de la mañana, armado con su gran capacidad dialéctica, como un enjambre de abejas, todas con la misma cara, y a partir de las doce pasaba la tarde en casa riéndose de sus perseguidores, mientras la parroquia de sus oyentes crecía muy por encima del tamaño del locutor. Losantos era el mismo de siempre. Lo que había cambiado era el gobierno, es decir, el contexto. El anterior no le hacía publicidad, éste sí. Estoy convencido de que Montilla ha sido el mejor agente publicitario de la COPE. Y además gratis. Ha empujado a todos los que defienden la libertad de expresión en una dirección. Se lo dice alguien que ha sido objeto de duras y frecuentes críticas, en su estilo mordaz, faltón, un tanto macarra, del locutor de la COPE, y por las más diversas razones, desde la política informativa del ejecutivo, hasta la circunstancia de que la princesa de Asturias se sentara a mi izquierda para narrar el telediario.

El riesgo de estas campañas es que siempre hay algún memo que se las toma en serio, y un día el juez Fanlo coge una pistola y escribe a tiros una columna que se regala en un diario gratuito que al parecer no lee ni el director, porque la dejó pasar como si fuera ingrediente cotidiano del desayuno, una parte, aunque pútrida, del pluralismo. Así comienzan los terrorismos. Uno inventa una historia de abuelos abatidos, y otros la creen, y deciden vengarla y reparar lo que otros sufrieron, y ya estamos otra vez con las escopetas.

Las cosas pasan, y el ruido, que tiene efectos catalizadores para algunas zonas de la economía, es mejor evitarlo. Se lo escuché una vez a alguien de mucha altura: «Se escriben muchas cosas contra nosotros, pero son como las hojas secas, se las lleva el viento y el árbol permanece». Me sorprendió su capacidad para convertir las dentelladas secas y calientes de algunos canes en una luminosa imagen otoñal. Me gustó.

Los medios, también los de la derecha, claro, tienen obsesiones, y un día, de repente, todos sus colaboradores se entregan a hablar de alguien con fruición, de una forma espontánea, como aquellas manifestaciones del 13 de marzo, tan surgidas de la nada. Aquella tarde de marzo fue la tarde de «La Ser o la nada». La profesión tiene mucho de rebaño, pastoreado por editores que ponen sus medios al servicio de sus intereses económicos. Un juez te pone en la picota, te quita el pasaporte, te obliga a hacer el paseíllo por las escaleras de la Audiencia Nacional, y el capo le dice a su dentista a las cuatro y media: «No pararé hasta acabar con él». Y lo hizo. Para conseguirlo utilizó el periódico, su periódico. Hoy el juez toma café con porras todas las mañanas en un bar cercano a los tribunales, pero después del desayuno en lugar de entrar en la Audiencia a ponerse la toga sagrada de la justicia se marcha a casa, se quita la chaqueta y se pone a dictar sentencias en artículos, como esos boxeadores que para ensayar el combate y sus variables practican ese ejercicio que llaman «sombra» y que consiste en arrearle mamporros al aire como si el vacío fuera el hueco que ha dejado Ringo Bonavena, aquel argentino carismático y con cara de pared que tuvo el honor de aguantarle quince asaltos a Cassius Clay en el Madison Square Garden el 7 de diciembre de 1970 antes de ser eliminado por KO.

Que un ministro te niega una televisión, se le concede el honor de ser primera página hasta que ceda y firme. Y si no cede no pasa nada, ya tendrán oportunidades de volver sobre el hígado de la víctima. Importa poco que sea verdad lo que publican, o que un fiscal haya pasado dos semanas encerrado con los papeles sin haber husmeado el más leve perfume de delito. En la composición de los periódicos, de las radios, de la televisión, hay mucha testosterona. Yo la utilicé una vez, lo confieso. Pero no engañé a nadie, porque no escondí la hormona en el camuflaje de unos falsos titulares. Algunos periódicos debieran venir con manual de lectura y el decálogo de los intereses que defienden tras sus titulares de portada, porque hay diarios que detrás de cada sección de su periódico tienen un interés económico.

Esto lo practican más a menudo los medios de la izquierda, con su funcionamiento militar, su disciplina cuartelera, su toque de corneta, con su altanería moral, su tolerancia de marca, su hipocresía. Dicen que quieren modernizar España y no se cansan de volver a los tiempos de la República, como si les hubiera quedado de aquella época un trabajo pendiente, como el de barrer de España al clero, las creencias, y las libertades para fundar una moral de estado, un hombre nuevo. Al otro lado, dice Ferrari, está la banda de Villa, Pancho Villa. Cumplen a diario esa táctica sobre todo porque su cartera de negocios es más amplia. Pero el sólido monopolio de los medios tradicionales tiene los días contados. Internet, al igualar las oportunidades de escribir y mantener una presencia diaria en las webs y los blogs, sitúa una opinión firmada en su justa importancia y relevancia: el juicio subjetivo de un solo individuo. Los medios tradicionales han registrado en sus cuentas de resultados que pisan un terreno compuesto de arenas movedizas, un barrizal que amenaza su enfática altanería, su caduco monopolio.

Desde hace meses los grandes medios, en especial el grupo de la izquierda ha hecho sonar sus sirenas de emergencia para advertir a los suyos que internet ha sido tomada por la derecha que, huérfana de grandes medios de información y de opinión, habría volcado en la red toda su energía de oposición contra el zapaterismo, ismo que creo que no existe porque si se organiza y se redacta el pensamiento de Rodríguez nos sale algo más ligero que el catálogo de primavera de almacenes Arias. Especialmente combativo se ha mostrado *El Periódico de Catalunya*, ese diario dirigido por Franco, que cuando lo del Carmelo silenció las críticas, y culpó del desastre a la administración anterior, en célebres artículos firmados por su director. Uno de los diarios más manipulados de los quioscos españoles dicta lecciones de ética y condenas contra la cadena COPE, llama a los anunciantes a asfixiar sus finanzas retirando la publicidad, y pide cárcel para los intelectuales disidentes. La corrupción moral e ideológica inunda la prensa. Pasa en otras comunidades, en las que es imposible ver el más mínimo atisbo de crítica y control del poder. Así por ejemplo en Andalucía, donde ni siquiera los medios de opciones ideológicas conservadoras, como el *ABC*, mantienen actitudes distantes con el gobierno de Chaves. El clientelismo político hace maravillas, obra milagros y ayuda a vender periódicos a través de suscripciones encargadas por los distintos despachos y covachas de la administración.

Debo precisar que el aislamiento nunca es perfecto, incluso si uno desaparece en la Patagonia. El mundo está repleto de idiotas caritativos. Siempre encontrarás a alguien que con el tono de estar haciéndote un favor, te advierte de que tal o cual, un columnista o una cuadrilla de argentinos te han puesto a escurrir. ¿Y qué nos importará todo eso? Te dan detalles, y siempre exageran, como si fueran portavoces de una noticia importante, cuando estas cosas en realidad, si somos sinceros, las leen cuatro. A veces el aviso viene envuelto en la adhesión. «¿Has leído lo que escribe ese canalla, ese despojo de maternidad, iletrado, cocainómano, sifilítico...?» «Pues no, no sé de quién me hablas, no conozco a nadie con ese perfil tan atractivo.»

Estos heraldos no son malas personas, lo hacen con la mejor de las intenciones. Las buenas intenciones son de un riesgo espantoso. ¡Huyan de ellas como de la peste! Son tan temibles como un huracán. Cada vez que alguien hace algo por tu bien terminas fundido, tienes que dar las gracias y pagar los desperfectos. Desde hace dos años nos gobiernan buenas personas, llenas de altas intenciones.

Rodríguez admitió la abolición del Estatuto catalán y el texto nuevo con la mejor de sus voluntades. Tras el incendio de Guadalajara que costó once vidas, dijo que el fuego se debía al cambio climático, con la mejor de sus intenciones. Fue sana también su intención de aliarse con el islam como si se tratara del abrazo de Vergara. Y hasta cuando dice que es rojo, lo dice con la mejor de sus voluntades, para caer bien al público de una revista femenina, como si estuviera todavía en el bar de la facultad, y presumiera de radical ante las chicas que le piden apuntes de civil. Incluso Montilla tuvo la mejor de las disposiciones a pagar los créditos que le perdonó la Caixa, pero es que no le quisieron cobrar. Fue como en las barras de los bares, que uno se pelea por abonar la ronda y no hay manera de pagar los vermuts. Así la Caixa con Montilla. Y sospecho que Artur Mas también era sincero y bondadoso cuando dijo que no querían hurgar en esto de los créditos porque no interesaba a la ciudadanía. ¡Será en Sierra Leona, donde no hay sucursales de la Caixa! La política está llena de buenas voluntades, ahora que las ONG se han convertido en una forma de vida, en un estilo de vida, como lo fueron en otros siglos las órdenes religiosas. En fin, los que te llaman y te avisan creen que deben advertirte de todo cuanto ocurre en el mundo que te pueda afectar, sin darse cuenta de que hay cosas que uno prefiere ignorar. Estos amigos, en estas fases de la vida, son prescindibles. También lo son los que dejan de llamar.

MÓVIL *PRO NOBIS*

Un portavoz de gobierno, a la hora de convertirse en ex, pronunció la primera frase brillante de su vida. Llevaba dos años esperando su oportunidad, y sólo consiguió cuajar una buena expresión el día que dejó el cargo. Ser ex, de lo que sea, otorga lucidez. Normalmente los que le dicen a uno lo que debe hacer son los que ya están fuera de la circulación. Usted pensará lo mismo de mí al leer este libro, y es muy libre de hacerlo. Pero le advierto que desde fuera, la casa se ve con una más amplia perspectiva. Aquel ex dijo que lo primero que se nota cuando no tienes cargo es que dejan de llamarte al teléfono móvil a todas las horas del día y de la noche. «El teléfono deja de sonar.» Me sorprende que Telefónica no la haya registrado como frase para su próxima campaña. La oración tiene otras derivadas: «Si no te llaman no eres nadie», «Cuanto más te suena, más vales», «Te llaman, luego existes», «Si tu móvil no suena tu vida no es buena».

Cuando llegas a ex, es el momento de hacer limpieza. No hay que ponerse nervioso, nunca se debe esperar lo que no va a llegar. Evite por todos los medios quedarse mirando el móvil, contemplando su pantalla de cesio a la espera de que suene «El torito» del Fari. La estética es muy importante en un momento crítico como éste. Conozco un cesado que se levantaba todas las mañanas a la misma hora que cuando iba al ministerio, se duchaba, se ponía camisa, traje y corbata ¡para quedarse toda la mañana en casa! Era elegante hasta para no ir a trabajar. Lo consideraba una de las primeras condiciones para no perder la dignidad: era su forma de quererse y respetarse, de mirarse al espejo y ver el mismo fenómeno que en los tiempos de gloria ministerial.

Con menos llamadas uno puede disfrutar del cine sin interrupciones, sacar a la familia a pasear sin que se te caiga el niño por coger el móvil, conducir sin riesgos, holgar sin sobresaltos, no molestar en los conciertos, y ser un tipo elegante y con clase en los viajes del AVE, alguien que no necesita simular una actividad frenética para tener estatus. ¿Quién es el memo capaz de echar de menos una llamada cada cinco minutos? Sólo un ex ministro, pero eso, a la vista de lo que hay por ahí, lo es cualquiera.

Este momento permite además sacudir la hojarasca de la agenda. Caen primero los extremos: los enemigos y los pelotas, incapaces de tener relaciones que no sean de sumisión o de sadismo. Éstos son los que dejan de llamar de una forma fulminante, instantánea, indubitable, la vanguardia para la que has dejado de ser un tipo de interés. Los sadomasoquistas te borran de sus móviles días antes de que pierdas el rango. Desaparecen luego los oportunistas, aquellos tibios a los que interesaba más tu posición que tu persona. Éste es el grupo más numeroso, y el fenómeno químico que mejor lo define es el del precipitado. No se van de repente, sino poco a poco, y con un ritmo creciente: pocos los primeros días, y en manadas, piaras y estampidas cuando han pasado dos meses.

La razón de esta progresión no es que te hayan cogido cariño, sino que piensan que todavía pueden intentar sacar algo de ti, y adoptan una actitud prudente, de mantenerse al acecho, no vaya a ser que aparezcas en otro lugar que les pueda resultar interesante y se haya descubierto su ausencia, y la naturaleza de su juego. Éstos son también los más difíciles de desenmascarar. En el fondo hacen una demostración de respeto y consideración: creen que puedes resucitar y transformarte más rápido de lo que tú mismo serías capaz de pensar. Entre ellos existen profesionales de la simulación y estrategas del travestismo.

Hay otro grupo, que es el de los que pierden el teléfono móvil que les pagaba su empresa y ya no llaman por no gastar. Se les disculpa porque su lealtad ha sido afectada por su cuenta corriente. Cuando lo hacen, tú notas que las conversaciones son muy breves, se diría que ni siquiera llegan a la categoría de diálogos. Y sin embargo, si les llamas tú, se pueden tirar horas hablando sin parar. Aprovechan para colocar sus mensajes con todo lujo de explicaciones cuando el que paga es el otro. Si la factura corre de su cuenta, la conversación será telegráfica: «Quedamos a las dos. Taberna del Alabardero. No puedo hablar. Adiós». A éstos les salva también el SMS y el pulgar poligráfico.

Unos meses después de dejar tu cargo, la agenda de tu teléfono será la lista de tus verdaderos amigos. El resto era prescindible. Lo que queda es oro puro. A partir de entonces te llamarán pocos, pero te llegarán numerosos mensajes de móvil con textos escatológicos y satíricos, referidos siempre a la actualidad nacional. Por ejemplo: «Desde tiempos remotos se tiene por verdadero: no existe la roza verde ni el conejo culebrero, nunca encontrarás un cruce de avutarda con jilguero ni un mentecato más grande que el bribón de Zapatero». En el mensaje original los adjetivos del presidente eran otros, pero uno tiene educación, no es como Blanco ni Montilla y no le gusta fomentar el insulto. Por concluir con la experiencia del móvil: has pasado años hablando con fantasmas. Ahora se han esfumado. ¡Benditos sean!

Vicios solitarios

Como no tenía nada que hacer volví a rondar las librerías. Forma parte de mis manías. Ni con internet, donde compro, han conseguido quitarme esa adicción por las tiendas llenas de libros, los escaparates de novedades, los lomos ordenados, las buenas ediciones, las imprescindibles colecciones. Hay librerías por las que siento pasión. Méndez, en la calle Mayor de Madrid, Cervantes en Oviedo, Oletum en Valladolid, Gómez en Pamplona, son templos de la tolerancia de verdad, con libreros que leen, cómplices de un placer solitario, que aprecian la tertulia y la variada fauna intelectual que acude a sus tiendas.

No hay ciudad adonde viaje de la que no vuelva con libros nuevos, algunos inquietantes. Rastreo también los grandes almacenes, las tiendas de viejo, los puestos callejeros, y hasta los almacenes de papel. He descubierto que las tiendas de los aeropuertos tienen una clientela nada uniforme y abarcan todos los matices de las manías. Si por ejemplo van a Cataluña les recomiendo regresar con algunas novelas o libros de cuentos de Monzó y un ensayo tan cierto como provocador, porque la certeza en aquellas regiones es provocadora. Se trata de *Si un persa viatgés a Catalunya*, de Miquel Porta Perales, subtitulado *Un pamflet sobre el nacionalprogressisme català*. Hay traducción al español. Es un panfleto documentado, cargado de datos, bien armado, amasado con ironía. No es un libro contra lo catalán, ni mucho menos. Es un texto brillante contra la estupidez y el provincianismo, contra la pobreza intelectual y la pereza, contra la desidia moral, que desde hace tiempo viene disfrazada de tantas otras buenas palabras.

Volví a los templos del libro, y de nuevo caí en el sótano, en la sección de autoayuda. Es un misterio cómo se ordenan las grandes librerías, con qué criterio la psicología ocupa los pisos bajo tierra, y la literatura de ficción, los libros de arte tan bien ilustrados, la gastronomía tan apetitosa y a veces imposible, se coloca en las zonas más altas. Supongo que la ausencia de luz exterior produce una inclinación a buscar ayuda para salir a flote, libros para náufragos de la vida, rendidos ante la evidencia de que sin un buen manual no conseguirán orgasmos de calidad y un bricolaje de nivel. Tiene que haber un criterio, y lo pienso averiguar. Cuando uno tiene tiempo se puede entregar a investigaciones trascendentes, como un viejo amigo que en París intentaba comprobar por las tardes si las personas que salían de la boca del metro junto a su casa eran las mismas que habían entrado por la mañana. Lo había leído en un cuento de Cortázar, la idea de que algunos nunca volvían a salir, y desde entonces le tenía obsesionado.

Compré una buena carga de manuales. Ante todo, una obra fundamental para mi situación: *La primera impresión. ¿Quieres saber lo que piensan de ti los demás?*, de O'Reilly, un texto fundamental que me vino muy bien para saber qué hay detrás de una mirada torva, o de un no pronunciado cuando ni siquiera has abierto la boca, o no has terminado tu frase. O'Reilly sostiene que la primera impresión, cuando conoces a alguien, tiene una vigencia que luego es difícil de modificar. Saber lo que hay detrás de una persona cuesta tiempo, y esfuerzo. Modificar un primer juicio basado en una comunicación superficial es muy complejo. En su libro enseña a fabricar esa primera fotografía. Lástima que yo llegara tarde a aquel conocimiento. Ya casi todos tenían más que una primera impresión sobre mí, y en algunos casos acertada. El libro me sirvió para detectar impostores. O'Reilly ofrece en su texto una clasificación de sonrisas muy útil, desde la histérica nerviosa a la mecánica congestionada. De todas, la más falsa es esta última. Los que la utilizan tienden a la esquizofrenia, son capaces de mantener dos personalidades polarizadas, gustan de recibir la aprobación de todos sus fraudes, y llaman por teléfono a casa para saber si han quedado bien en televisión. Su sexualidad es compleja y aprecian la oportunidad de adoptar el papel del contrario. En todo practican la táctica de llegar a un acuerdo, de la manera que sea, y al precio que se tenga que pagar, precio que luego intentarán no abonar.

La gente se ríe de los libros de autoayuda, pero hay que tomárselos en serio. Estoy seguro de que si Gabilondo hubiera estudiado esta obra, en lugar de leer tanto a Saramago, habría conseguido cambiar su destino en el informativo de la Cuatro. No hubiera aceptado un plató rojo cardenal, ni un plano cerrado en su rostro hasta el punto de que podemos seguir la evolución de sus cicatrices, o el perfil de los cráteres de su acné juvenil. Por cierto, la historia que nos contaron sobre su traslado a la nueva televisión de Prisa no es la verdad. Resulta que el grupo de Polanco había puesto sus ojos en Francino como presentador de la segunda edición de las noticias, las de las nueve de la noche. Llegaron a firmar un precontrato. Más tarde ofrecieron a I.G. la presentación de un programa. Pero él dijo que no aceptaba pasar de la radio a la tele si no era para dirigir y presentar las noticias. Y así el catalán fue desplazado a la radio, a madrugar. El menos radiofónico terminó en la radio, y el menos televisivo en la televisión. La operación ha dado, más o menos maquillados, los resultados que ya ustedes conocerán. Cierro el paréntesis y vuelvo a las obras fundamentales para escapar de las maldiciones.

La agresión terapéutica

Después de O'Reilly descubrí un autor imprescindible, dueño de una originalidad brillante, que había iniciado una serie que le daría pingües beneficios. Los dos primeros títulos de la colección Reacciona, eran: *El perfecto cabrón y las mujeres*, y *La perfecta cabrona y los hombres*, de Imelda Revés, sin duda un pseudónimo tras el que se esconde un hombre o una montaña de resentimientos. Las dos obras cubrían todo el espectro de canalladas que uno y otro sexo se pueden infligir, y un retrato robot de los farsantes sentimentales. Por lo menos, leídos los dos, se tenía la impresión de que la autor@ había conseguido un equilibrio bélico bastante igualitario. La conclusión final es que el perfecto cabrón y la perfecta cabrona estaban hechos el uno para el otro. Lo grave es que no se llegaran a encontrar, porque en ese caso destrozaban la vida de todos cuantos pasaban a su lado. Por los libros desfilan las más variadas faenas y los indicios para detectarlas y evitarlas, desde el fraude sexual hasta el peligro de casarse con un inmaduro que tiene que consultarlo todo a su madre. Al cerrar la edición de este libro sobre el infierno supe que Revés estaba preparando los títulos tercero y cuarto. El cuarteto no será el de Alejandría pero promete seguir en las listas de los más vendidos. Los nuevos títulos, anticipa, analizarán la relación de los cabrones y los homosexuales, y las cabronas y las lesbianas. Los experimentos sexuales le han dado a Revés una gran vitalidad. Es muy probable que dentro de un año se vendan los cuatro en un paquete junto al «Manual de recetas para cabrones», una forma de que no te hagan cocinar nunca más.

Como complemento de estos tratados la editorial ofrecía por la compra de los dos en un paquete, de regalo, la obra en la que se había inspirado la autor@ para crear su filón: *El poder curativo de la agresión*, de Pascal LeBec, un rancio francés con un pasado juvenil comunista y una madurez entregada al servicio de la antiglobalización que había descubierto que la quema de coches y restaurantes de marcas extranjeras tenía un efecto terapéutico contra las frustraciones que otros se hacen examinar en los divanes del psicoanálisis.

Todos los cálculos, el moral y el económico, terminaban en la conclusión de que tales prácticas eran en el fondo un servicio social a la nación francesa, una forma de proteger la esencia nacional, y un ejemplo para exportar a otros países de una Europa en crisis de identidad. LeBec había vendido quince ediciones en Francia y el libro se había traducido al inglés, al italiano, al ruso y estaba en marcha una versión en chino mandarín. El autor se encontraba entonces en fase de montar una escuela con cursos de teoría y práctica para formar líderes a partir del dominio y manejo de los efectos benéficos del instinto de agresión. En los diarios confidenciales de París se afirmaba que el autor era llamado de forma regular al palacio del Eliseo para ser consultado por el presidente Chirac.

LeBec pretendía incluso convertir la agresión en un arte y ponerla al servicio de las más diversas causas, desde la cruzada contra el cine americano hasta la difusión del islam redentor. Meses después de su éxito, el autor había desarrollado una gran variedad de productos con su nombre y sus lemas, camisetas con la leyenda «El terror cura tus miedos», «El arte nace del caos», «El fuego purifica» «Un golpe a tiempo cambiará tu vida» y una pléyade de autores y columnistas producían sin cesar obras y artículos en los que analizaban las causas que explicaban aquel fenómeno social. LeBec me enseñó otra de las reglas de oro para salir de mi infierno personal, una norma que se puede extender a toda situación: la oposición es una condición muy rentable.

El manual de LeBec tendría una utilidad impagable en un futuro muy próximo, me ayudaría a construir un personaje gemelo capaz de desconcertar a mis enemigos. Es el que podríamos llamar el método israelí. Lo inventaron los pilotos de cazas del ejército de Israel. Los enemigos sirios lanzaban cohetes que seguían la estela de calor de los aparatos. Al principio caían como moscas. Pero los pilotos descubrieron pronto que si dos cazas se colocaban juntos y se separaban de una forma brusca, el cohete, programado para la destrucción de uno de ellos, pero sin capacidad para discernir cuál era la estela correcta, se perdía en el vacío.

Me sorprendió que en sus obras el francés tomara como ejemplo paradigmático un caso español. Durante el aznarato, el mundo de la cultura, ámbito por otra parte bastante inculto y provinciano, se erigió en referencia de la oposición política, en conciencia moral de la sociedad. Para quienes tengan todavía algún reflejo de complacencia para con ese grupo social y sus costumbres, la bibliografía que se adjunta al final del libro les recomienda la lectura de *Intelectuales*, una obra fundamental de Paul Johnson, un británico que además de ser historiador ejerció como periodista. Johnson revela con inestimable lucidez y buen juicio en manos de quién dejamos nuestras ideas. Resulta que si uno busca un banco, pone sus ahorros en alguien que le merece confianza. No puedo imaginar un comportamiento económico racional en un individuo que confíe sus fondos de pensiones a un delincuente, o su cartilla de ahorros a un aficionado a las timbas y a los juegos de azar. La enseñanza la ponemos en manos de maestros vocacionales, conscientes de la importancia del conocimiento y el espíritu crítico para las nuevas generaciones y para el progreso del país. Hasta el electricista y el fontanero se ven analizados con el criterio de la eficacia de sus reparaciones y el precio siempre abusivo que nos cobran. Estoy seguro de que no dejaríamos que nos dieran esos sablazos inclementes si no fuera porque cuando se van la fuga de agua ha terminado.

Todo eso sucede en los ámbitos más pequeños de nuestra

vida, desde el panadero hasta el limpiacristales. Y sin embargo, como demuestra Paul Johnson, las ideas las hemos puesto en manos de impresentables. Debe de ser verdad lo que dice Chesterton: «Cuando uno deja de creer en Dios empieza a creer en cualquier cosa». El primero de los sujetos cuestionados es Jean-Jacques Rousseau, un individuo que en su vida sólo se preocupó de la satisfacción de su pene, y de abandonar en las inclusas a los sucesivos frutos de los vientres de sus amantes. Conviene recordar que en la época de las luces, a las que Rousseau contribuyó con toneladas de tinieblas, los orfanatos eran la última estación donde se cogía el tren rápido hacia la muerte por neumonía, septicemia o peste. Después de dejar a los pequeños en la puerta de los hospicios se marchaba a casa a terminar un libro sobre educación.

¿Quién dijo que la vida privada no influye ni tiene importancia en las obras de los grandes escritores y los insignes filósofos? ¿Qué garantía nos pueden ofrecer aquellos que en su vida han hecho lo opuesto a las ideas que proponen? ¿Qué validez tienen sus juicios, sus pensamientos? Lean el capítulo dedicado a Sartre, un hombre que, por ejemplo, escribió sobre la liberación del País Vasco sin haber pisado nunca el norte de España, ni tener la menor idea de la historia y el presente de esas tierras. De todas formas no hay que marcharse a Francia, ni rastrear en la historia del pensamiento galo; basta con tener en cuenta a dos personajes como Franco, no el dictador sino el periodista, o Cebrián (aquí no puede haber dudas).

Oponerse es rentable, y LeBec detalla el caso de sus vecinos, los hispanos. El principio es conocido. El mundo del cine encabezó la oposición a Aznar. Ya no se trataba de que hicieran buenas películas, su función social había pasado a ser la de contrarios, compañeros de viaje, estrategas de la política, opositores por oficio. Me parece bien, estoy de acuerdo, sobre todo cuando uno produce historias tediosas de cine mediocre; debe buscar con urgencia una nueva razón para existir, y si la encuentra en las pancartas, pues estupendo. Todo menos quedarse quieto.

Con Aznar la cosa funcionaba. El mundo del cine gozaba de sus subvenciones, y nadie se hubiera atrevido a quitárselas por hacer mal su trabajo o por carecer de imaginación, porque entonces la razón visible hubiera sido la intolerancia derechista de un huraño bigotón, su animadversión contra todo aquel que no le diera la razón. Algunos ámbitos del cine, no todos por fortuna, siguen instalados en la «enfermedad infantil del izquierdismo» que viene a resumirse en el dicho de que «quien no llora no mama, y el que mama debe seguir llorando para seguir siendo un mamón».

Exigen del Estado que les proteja frente a los competidores exteriores, sobre todo americanos, esos siniestros guerreros que inoculan ideología liberal y pastiches a través de la industria del cine. Lo mismo podría decir el sector de la hamburguesa toledana, el turrón de Alicante, o el pollo a l'ast, los coches, o las meretrices nacionales desplazadas por la competencia vaginal y la esclavitud de las del Este, las frutas escarchadas de Aragón, la avellana de Tarragona, o el queso extremeño, sobre todo la torta del Casar, tantos siglos aplastada por la competencia desleal del *fromage* francés. Y sin embargo, callan y no exigen reparaciones históricas. Cuando Schwarzenegger entra en España montamos el pollo. A mí me gustan sus películas. Tienen unas virtudes digestivas notables. No me gusta como político. Y su actitud ante la pena de muerte me repugna. Pero reconozco que algunas de sus películas tienen las mismas virtudes que aquellas de Maciste que veíamos de niños en el cine parroquial. Al sector americano le ponemos todo tipo de barreras. Cuando el limón español se vende en Estados Unidos creemos haber clavado una pica en las nalgas de la Estatua de la Libertad.

Lo mismo ocurre con la memoria histórica. Se trata de un ejercicio selectivo. Cada uno la limita como quiere. Unos, los menos, se van hasta Atapuerca, y los más se detienen en el 31 como si la historia hubiera comenzado con la Segunda República y el franquismo hubiera sido un paréntesis narcótico. Existen muchas deudas importantes en nuestro pasado más reciente.

Pienso por ejemplo en todos los niños y jóvenes que tuvieron que pasar largos veranos hincando codos mientras los demás nos rascábamos la tripa, en la piscina los ricos y en el río los pobres. La tortura de aquellos meses, estudiando latín o matemáticas, las declinaciones del griego o la química orgánica ha creado secuelas indelebles. Hoy todo eso ha desaparecido. Se puede pasar con cuatro, y hacerle un corte de mangas al ablativo singular, que no es una postura del onanismo sexual sino un caso del latín. El Ministerio de Educación, como institución, debiera pedir perdón. Lo escribo por solidaridad generacional.

KULTURPLAF

Aquí los del cine dicen que de su industria depende la salud de nuestra cultura. En este punto les concedo una larga pausa para que den rienda suelta a sus humores. El argumento es magnífico. Casi prefiero ser un analfabeto cinematográfico, criterio inequívoco de decencia, antes que alimentarme en exclusiva de historias deprimentes, ancladas muchas de ellas en una visión tergiversada e interesada de nuestra Guerra Civil.

El mundo de la «cultura» le dio un empujón a Rodríguez en su camino a la Moncloa, lo «culturizó», le dio brillo y esplendor. Meses después había llegado a su destino en lo universal, pero había contraído una deuda. Hubo un historiador que definió a Franco como un mediocre con mucha potra. Siempre he pensado que ésa es una descripción que le sienta a Zapatero como un traje hecho a medida. En sus primeras declaraciones, con la opinión pública anestesiada, Rodríguez dijo que iba a organizar un gran homenaje a las víctimas del 11-M en Atocha, «con la participación del mundo de la cultura, porque ese mundo de la cultura —reiteró el reiterativo— se lo merece». ¿Quién merece el homenaje? La necedad era tan grande que nadie reparó en ella. El mundo de la cultura le ha permitido incluso que diga que uno de sus grandes autores de cabecera sea Jorge Luis

Borges. Al mismo tiempo es capaz de declarar a una revista femenina que no le debe nada a la derecha porque no ha aprendido nada de la visión conservadora del mundo. ¿En qué quedamos? ¿No fue Borges un autor denostado y despreciado por las izquierdas rojas de los años setenta y ochenta? ¿No le negó la progresía frígida el Nobel de Literatura por sus actitudes «reaccionarias»? ¿No es la suya una visión conservadora, que prima el arrojo y la valentía en los antros del puerto de Buenos Aires frente a la beatífica actitud de Rodríguez?

Pasaron los días, como en los cuentos de los Grimm, y aquel zapatero que había llegado a príncipe no cumplió su promesa, y una tarde el enanito cinematográfico se presentó en palacio. Las cosas se pusieron muy feas en las vísperas del Festival de Cine de San Sebastián, en septiembre de 2005. Por los despachos de algunos capos del cine, sobre todo actores, comenzó a circular un manifiesto en el que se reprochaba al gobierno que no había cumplido. Era el «para esto no hicimos la guerra» de los de la cultura. Las subvenciones no llegaban, las promesas se habían quedado en papel mojado, no se hacían películas porque faltaba la pasta estatal, y aquello se tenía que terminar. Los fontaneros de la Moncloa se pusieron a trabajar y consiguieron parar el manifiesto y sus firmas que iban a ser expuestos en pleno festival donostiarra, con toda la prensa atenta a las novedades. No todo era unanimidad en el sector. Hubo algún responsable que dio la cara, y dijo que los que estaban pasando aquel papel a la firma debieran preocuparse más de hacer películas de calidad que de llorar como cachorros consentidos. Pronto salió una ministra, la de la cosa cultural, a prometer un gran congreso del mundo del cine, para abrir un diálogo. A los del cine, como método, la idea les gustó, pero le recordaron a la chica que no se trataba de charlar, que los diálogos los hacen ellos en el cine subvencionado, que ésta era una cuestión de tela, de hacer pelis, de cobrar, tronco. Y es que la oposición es más rentable que la posición dominante. Esto es algo que nunca ha entendido la derecha, pero debieran ponerse a ello. Quizá les puede su animadversión a las subvenciones, su alergia al sector estatal, a la ubre pública de la que maman piaras de cochinillos. Tienen razón. Pero existen otras vías, otros métodos, caminos no trillados y sugestivos.

La derecha debiera ver el enorme terreno de grandes oportunidades que se abre al pasar a la oposición. No conviene ofuscarse con lo que se ha perdido. Percibir la pérdida como un golpe de fortuna es fundamental. Sé que no es fácil. Pero es importante. De la misma forma que un gordo de la lotería se puede convertir en una desgracia que encadene pesadillas. En una ocasión, cuando vivía en Roma, donde veíamos a diario la televisión francesa, contemplamos atónitos un programa en el que habían invitado a personas cuya vida había cambiado un día de forma radical. La estrella era un ciego que gracias a una operación había recuperado la vista. Lo que vio en su casa no le gustó. No se acostumbró a su nueva vida. Meses después se divorció y perdió a sus hijas. Ahora vivía solo y echaba de menos los tiempos en que su mundo era negro y sin relieve.

Lo normal es que los extraviados, en plena diáspora, tomen decisiones equivocadas, que lamentarán durante unos cuantos años. Es como el pánico en los incendios. La mayor parte de los que mueren pierden la vida por no saber esperar, por lanzarse despavoridos a las puertas de emergencia. Todos los que pierden poder y despacho corren en busca de las escasas sillas vacías que quedan en la calle para los derrotados. Una hueste de victoriosos llenará las poltronas que se han quedado libres en las cuevas del poder. No se engañe, también entre ellos hay frustrados que esperaban y que no han conseguido nada, arribistas desplazados en el reparto del poder. Rumiarán su resentimiento, y serán, con un poco de tacto, una inestimable fuente de información y filtraciones. Los resentidos son una mina para la prensa. Uno al que no le pagaron lo que le habían prometido destapó Filesa. ¡Cuidado con ellos!

Conviene ser ambicioso. Ésta es una cualidad legítima que tiene muy mala prensa. Los pueblos premian en realidad a quienes tienen esa cualidad, más necesaria en la adversidad que en el triunfo. Los que la practican se exceden muchas veces en el ejercicio del poder o en las ansias por escalar posiciones. Los que quedan abajo suelen decir que el tiempo pondrá a cada uno en su sitio. Pero esto en realidad no tiene ninguna importancia, el tiempo no pone a nadie en el lugar que le corresponde, a nadie, y si lo hace llega tarde, cuando el recolocado en su posición está ya muerto, y como mucho le hacen una estatua de estuco. Lo único que sitúa a los individuos en su sitio es el marketing. Por ejemplo, nadie ha explotado la vis cómica de Carod Rovira. Tiene grandes posibilidades. Un muñeco de Carod es un objeto perfecto, en lugar de aquellos toritos con banderillas flácidas que teníamos en otro tiempo, para poner encima de la tele, ese lugar donde nadie sabía muy bien qué poner. Unos elegían los tapetes de ganchillo y las bandejas de plata o de alpaca. Otros lo adornaban con toros ibéricos, los más con una foto del hijo en el servicio militar o de la comunión de los pequeños, con su misal y su rosario y un fondo de aureolas.

En la España laica hay que pasar del toro al líder de Esquerra. Es mucho más divertido, y tan hispano como el morlaco, ¿o no? Si él fue capaz de ponerse la corona de espinas, ¿por qué no podemos convertirlo en objeto de culto nacional? Con Carod se pueden hacer muchas cosas: piruletas, chapas magnéticas para el frigorífico, alcachofas de ducha, preservativos de línea republicana, o una versión de aquellos muñecos Elvis que cuando se colocaban sobre el salpicadero del coche, si los tocabas agitaban la pelvis. Carod es un producto sin explotar, con un nicho de mercado tan grande como un panteón. Si fue capaz de calzarse en su testa aquel recuerdo espinoso de Jerusalén, ¿se imaginan lo que haría con la corona real si cayera en sus manos? A Carod le hizo un hombre Aznar, como a Jiménez Losantos le ha aupado Montilla para que llegue a las ramas del árbol del bien y del mal. ¡Qué cosas! Las fieras tienen siempre un momento en el que son domesticadas. Y en ese punto crece la piedad con que las contemplamos. Del caballo loco admiramos su fortaleza y vigor, su condición de indomable, pero le acariciamos con solicitud cuando se deja ensillar, aunque siempre echemos de menos su pasado soberbio. Con Carod pasa lo mismo. Hoy, traicionado, vejado, mueve a la compasión. En lugar de ponerle encima de la televisión le podríamos edificar un pequeño altar votivo con una pequeña lámpara de aceite; hoy mueve a un amor más tierno, más rosa, lleno de buenos sentimientos. Se nos fue la pasión, pero queda la compasión. Es la cultura, se trata de crear cultura. Pero no se equivoquen, lo culto es lo que hay, no lo que queremos que haya. La cultura de hoy ya no son las bibliotecas ni siquiera el cine, sino la televisión, con sus dosis de lo que llaman basura, pero que yo no me atrevería a calificar como tal, los videojuegos, los centros comerciales, la realidad virtual, internet, lo instantáneo, lo superficial, lo que acaricia la piel pero no llega al corazón. Hay que producir imágenes que se recuerden, no ideas que se sostengan. Esto es lo que hay. Lo demás son buenos propósitos para el nuevo año.

El ostracismo nos da en primer lugar una perspectiva nueva, amplia, mucho más abierta que la que se tiene en el poder. Otorga también un margen de maniobra mucho mayor. En los cargos uno está atado, limitado por normas y códigos. Fuera, puede dar rienda suelta a una creatividad mucho mayor. El periodismo, por ejemplo, tiene muchas más ventajas desde la oposición que desde el poder. Miren la suerte de los diferentes bandos: Cebrián reconoce que el futuro del diario *El País* es incierto. Los últimos controles de difusión han sido negativos, con continuas caídas de ventas. Por el contrario, *El Mundo* ha aumentado sus tiradas. En la radio pasa lo mismo. Si examinamos la suerte de algunos personajes obtenemos la misma conclusión. Peces-Barba fue el oráculo de estalinistas durante la época de Aznar. Con aires de postulante a la presidencia de la república bendecía todos los niños e informes que le presentaban. Fue llegar los socialistas al poder, nombrarle comisario para las víctimas y hundirse en el oprobio y la ignominia.

Hay que disfrutar de la oposición, olvidarse del coche oficial para volver al utilitario, único vehículo que se respeta en una ciudad tan competitiva en el tráfico diario como Madrid. Hay que liberarse del escolta, y lanzarse a un mercado abierto que es lo mejor que tenemos, y aprovechar todas las oportunidades que nos da la vida nacional, que son muchas. Es cierto que otros van a brincar más alto, empujados por la cama elástica que les ponen sus amigos del gobierno, pero tienen menos capacidad y mucho menos talento. Basta ver las emisiones de la Cuatro. Es una tele de amateurs, de aficionados. Uno pone su canal y tiene la impresión, con todos los respetos para los locales, de estar en una televisión municipal que no para de hablar de lo bonita que es la mesa que han comprado y de lo caro que les ha salido el decorado. Hay que contemplar el exilio interior como un terreno fértil en el que practicar un capitalismo satírico y ocupar todos los espacios, por pocos que sean, que deja libre el poder. Hasta los jesuitas, disueltos por el papa Clemente XIV encontraron refugio y protección, nada menos que en la lejana Rusia. La familia real se portó con ellos como la gran duquesa conmigo.

Medio muerto

Uno de los momentos más difíciles de este largo trance se produce cuando tus enemigos ven que no has muerto, que levantas cabeza, que su obra no ha servido para nada, que todos sus deseos, todos sus esfuerzos, son un vano pataleo que se lo lleva el viento. ¡Ay, entonces! Éste es un pasaje que debes cuidar, quizá sea el más crítico de todos. Este instante excita las más bajas pasiones de tus enemigos. Ellos pensarán que no han hecho lo suficiente, que han dejado el trabajo a medio hacer, que te han dejado con un hilo de vida y algún médico clandestino te ha curado. Pero ¿no estaba muerto? ¿No le habíamos condenado al ostracismo? ¿Quién osa darle trabajo, quién le ha dejado asomarse de nuevo a la televisión? No es su estilo. Suelen terminar el trabajo. Que se lo pregunten a Lasa y Zabala. La cal viva y la llamada a casa a las doce de la noche, para decirte que saben en qué colegio estudian tus hijos. El estilo es el hombre. ¡Cuidado con este trance!

Año y medio después de los sucesos de marzo de 2004, cuando los socialistas llevaban veinte meses desgobernando España, atravesé una fase en la que notaba una animadversión especial por parte de mis opositores. Durante el primer año me había dedicado a escribir mis experiencias y un par de libros de temática vaticana. El primero provocó algún cabreo que otro y mucha bilis, pero como pensaban que era una forma de salir de la escena, de abandonar la arena, estuvieron comedidos. Tan sólo algún aficionado a agitar la Guerra Civil y sus fantasmas, sectario y rencoroso, negó haber dicho lo que venía diciendo desde el año 2000. No debían tenerlo muy claro en su grupo de presión, porque pronto le pasaron a la retaguardia con el pretexto de dedicarle a tareas más intelectuales. Desde entonces no hemos vuelto a saber de él. Es posible que le haya pasado lo que a los tíos de Caballero Bonald que, llegados a una edad, se metían en la cama y no volvían a salir del lecho más que para viajar, encajonados, a la tumba.

El enemigo calculó que aquel sería mi canto del cisne, el último acto, la despedida, la última voz y frase antes de hacer mutis por el foro, pero se equivocaron. Y cuando vieron que no era así ladraron un poco más. La publicación de *El cónclave* en el momento oportuno, tan sólo un mes y medio antes de la muerte del papa Juan Pablo II, me abrió las puertas de algunos medios de comunicación, en especial de las televisiones que, huérfanas desde hacía mucho tiempo de todo especialista en cuestiones romanas, recurrieron a quienes habían publicado alguna cosa alusiva a los arcanos vaticanos, a las claves de la vida de una Iglesia que hasta ese día habían despreciado, y que volverían a ignorar unos días después de la elección papal.

El futuro inmediato tiene acontecimientos previsibles que te pueden permitir situarte en una posición de privilegio. Ese lugar se debe trabajar, porque aquí nadie regala nada. Se trata de intuir las oportunidades del mercado y ponerse a estudiar. Así, me di unas vueltas por Antena 3, por Tele5, por Telemadrid, Canal 9 de Valencia, y unas cuantas emisoras de radio. Me llamaron de la catalana pero mi agenda ya no me permitía multiplicarme más. Fue un gran momento. La circunstancia me permitió además volver a Roma por unos días, y asistir a la emoción intensa de las fumatas, a la proclamación entusiasta de Joseph Ratzinger como Benedicto XVI, y a algunos encuentros personales muy provechosos, en especial aquel en que una locutora de televisión española equivocaba el nombre de otra colega y daba paso a «Samantha Fox». Fue lamentable que lo que vimos después no se correspondiera con la persona anunciada. Un fraude más. También asistimos con alborozo al momento en que otro locutor de una tele privada proclamaba, minutos después de la muerte de Juan Pablo II, que la ciudad seguía tomando copas como si no hubiera pasado nada. Mi mujer, que conoce Roma y sabe que no tiene vida nocturna, se quedó pasmada. Yo se lo expliqué: «Mi vida, ésta es una forma muy romana de proclamar la independencia editorial de los periodistas».

Volvía a formar parte de un gremio que nunca ha sido gremial, de una profesión cuyos directivos son capaces de decirte «tu voz no puede faltar en nuestra emisora», y pasan diez meses y no te han llamado. Escribí artículos, dicté crónicas desde la plaza de San Pedro, intervine en programas de radio en directo, en tertulias de televisión, en entrevistas. Aquello sentó mal a algunos. Otros evitaron mi presencia, aunque a hurtadillas leían *El cónclave* para poder enfrentarse a un reto informativo complejo, largo, en el que era imprescindible conocer la historia y las razones de los ritos y el sistema de elección para navegar por aquellas aguas. Juan Manuel de Prada escribió en *Tiempo* un artículo en el que afeaba la conducta de tantos a los que él había visto leer el texto para no meter la pata en su trabajo, pero ninguno había querido o se había atrevido a citar. No tiene más importancia. Lo fundamental es que lo lean, pensé, y sobre todo que lo compren. En ese tráfico yo obtenía dos beneficios: por una parte la tranquilidad de no llevarte sobresaltos al leer el periódico, y por otra el rédito del royalty, tacaño porque a la hora de pagar las editoriales, algunas, no ésta en la que lees, son casi tan mezquinas como la televisión pública.

Fueron pasando los meses y cruzamos el verano con sus olas de calor y sus incendios. La temporada, después de un largo viaje por las autopistas de Estados Unidos, se presentaba incierta, más bien gris. De nuevo una mano providencial orientó a nuestro presidente por accidente por los caminos del riesgo como un Mr. Chance al que se le terminaban las oportunidades, como el malabarista del circo que ha puesto demasiados platos sobre los palillos. La diabólica actitud de los enemigos era entonces una mezcla de resentimiento por sus fracasos, sus esperanzas frustradas, la decepción provocada por aquel a quien le habían pedido en los días posteriores al 14 de marzo «No nos falles», y la certeza de que los eliminados en la checa virtual del 15 de marzo y días posteriores seguíamos vivos, activos, con la cabeza alta, y paseando por Madrid y Barcelona sin compañía de seguridad. «No nos falles», decían, mientras al otro lado cambiaban la «a» por una «o». Ni una cosa ni la otra. Rodríguez fue más capaz de lo segundo que de lo primero.

La hostilidad arreció y jóvenes imberbes comenzaron a gritar a toda cara conocida asociada a la derecha el insulto de fascistas. Alguna persona cercana me informó de pintadas del tipo «Urdaci, falangista». Por mucho menos un conocido presentador de la televisión, capaz de sentarse todas las noches en el vertedero de las pasiones más bajas sin mancharse, llevaba escolta. Una noche le siguieron unos tipos después del programa. Al parecer le querían robar. Contrató una escolta y cuando en las revistas le preguntaron que por qué llevaba consigo un hombre armado echó la culpa a amenazas de la ultraderecha, que siempre queda más progre y ayuda a asentar una imagen avanzada. No es que el presentador tuviera una actividad que amenazara los principios fundamentales de los ultras. En sus meses sabáticos se dedicaba a montar a caballo y conducir desde el sillón un tren eléctrico, dos dedicaciones que todavía no han entrado en el catálogo de perversiones de los fachas. Una amiga suya hizo meses después un reportaje sobre la ultraderecha y encontró cuatro. Cabían en un taxi, como los centristas de la transición, y tres de ellos pasaban los inviernos al sol del levante, subvencionados por el Inserso. Es decir, que eran tan fachas como Caldera, de esos que dicen «Pasarán sobre mi cadáver antes de que se lleven los papeles de Salamanca» y luego se los llevan y nunca se encuentra el cadáver. Echas la culpa de tus fobias a la ultraderecha y de repente has legitimado tus más oscuras perversiones. Puedes pasar meses entre psicópatas, exhibicionistas, maltratadores, visionarios, ególatras y contorsionistas morales. Luego te pones la gorra de ferroviario, y un silbato, y ves pasar los trenes, los vagones, como si la vida no tuviera otro sentido que caer hipnotizado por una infancia frustrada. Si consigues que nos creamos que la ultraderecha te persigue habrás dado vida a un fantasma y podrás volver a cualquier televisión a dirigir la misma feria de las vanidades. El fascismo ya no es monopolio de la ultraderecha sino una práctica habitual de nuestros nacionalistas consentidos.

Las cosas no iban bien para ellos. Y de eso, la culpa, como siempre para la izquierda, sólo la podía tener la derecha. Es curiosa la facilidad con la que los cachorros que han crecido en el bienestar de la democracia, que no han sabido más que por libros que nunca han leído lo que era la dictadura, empleen el adjetivo de fascistas como un escupitajo contra personas que se emplearon a fondo y en forma contra el régimen del general. ¿Tan mal se enseña la historia en nuestras escuelas?, ¿por qué los jóvenes odian lo que no han conocido, en lugar de tener un juicio más frío y distante como el que tienen los mayores? ¿No les han contado que algunas de las fortunas de los que siguen removiendo la memoria histórica se hicieron a la sombra y bajo la protección del Caudillo de España? ¿No les han explicado que algunos de los periodistas que alientan una nueva revancha contra una supuesta derecha franquista que ya no existe colaboraron con entusiasmo con el régimen en la detención y captura de militantes del Partido Comunista de España? Me incluyo entre aquellos que trabajaron contra el franquismo, pero no contaré esa historia porque me niego a hacer de aquel período un tiempo de leyenda, y porque el antifranquismo no justificaba ni el terrorismo ni el intento de la extrema izquierda de hacer de este país una Camboya europea.

Esas reconstrucciones épicas de un período interesante vivido por gentes muy comunes con pasión, son un peligro para los nietos. Que se lo pregunten a algunos vascos, que a fuerza de escuchar las historietas y batallitas que les contaban los mayores mientras pelaban castañas al calor de la hoguera terminaron por coger las pistolas para limpiar los caminos de guardias civiles y maquetos, en busca de un sueño que sólo había existido en el delirio sentimental de los suyos. Es mejor contar las cosas con humor, porque en España, cuando se cuentan las cosas en serio siempre hay alguien que echa mano de la pistola, como Goebbels con la cultura. ¡Qué manías!

Latifundios

La izquierda rescató por aquellos días su rostro más demagógico y feroz. Algunos de sus intelectuales fueron sacados de paseo para argumentar a favor de las nuevas ideas. Así Ian Gibson escribió artículos en la prensa catalana a favor del nuevo Estatuto, textos en los que invitaba a los catalanes nacionalistas a terminar con la idea de España, a la que calificaba de «finca», como si el latifundio se hubiera extendido hasta el norte de Teruel. Toda crítica a sus planteamientos era propia, decían, de fachas irredentos. Como no se admitía más que la muerte o el destierro, se mostraban irritados contra quienes no cumplíamos sus órdenes.

Habían creado una montaña de cadáveres pero todos seguíamos allí, con la capacidad de hablar y de incordiar intacta. Practicaron desde el poder las mismas persecuciones que habían organizado desde la oposición. En esta ocasión le tocó a la cadena COPE y a sus dos principales figuras radiofónicas: Federico Jiménez Losantos y César Vidal, culpables de recordar a Montilla sus deudas. Montilla, Montilla. El asunto de la Caixa me recordó cómo el Partido del Trabajo de España (PTE), en el que el ministro había militado en su juventud, tuvo un final indigno de aquella izquierda que aspiraba a organizar en España campos de trabajo y reeducación para la burguesía urbana, al modo de los que Mao había impuesto con su revolución cultural. El PTE terminó sus días entre acusaciones judiciales contra algunos de sus militantes por falsificar billetes de banco para pagar sus deudas. Ahora ni siquiera eso, ahora ya ni pagaban.

Hubo incluso algún juez que invitó a los pistoleros a comprobar a tiros si Jiménez tenía corazón o más bien, como sospechaba el encargado de impartir justicia, tenía hueco el lugar de la víscera. Pura nostalgia del terrorismo como forma de resolver las disputas y desavenencias. De nuevo volvían a poner diabólicas señales sobre todo aquel que les llevara la contraria o no compartiera sus nefastas intenciones. Toda aquella operación se construyó sobre mentiras, con la colaboración de alguna prensa adicta al nuevo régimen, y la movilización del Consejo de lo Audiovisual, sanedrín político de una profesión nostálgica de los tribunales de honor, y de las purgas corporativas.

Quiero detenerme un momento sobre la consideración de las virtudes comunicadoras de la izquierda, y terminar con una falacia muy extendida entre las gentes de derechas: la de que los otros, los izquierdistas, son mejores en la batalla de la comunicación, que organizan mejor sus mensajes y tienen más capacidad para responder a los imprevistos. En pocos meses la izquierda demostró que era incapaz de llevar la iniciativa en el terreno de la opinión pública. A pesar de tener casi todos los medios a su favor, el crédito del gobierno y la confianza en su presidente sufrió un desplome como nunca se había visto en la historia de la democracia española. Y es que no tenían nada que contar, nada que ofrecer y por tanto nada que comunicar. Desde sus primeros pasos, y en todos los frentes, se vio que el ejecutivo no tenía otra cosa que ofrecer que los matrimonios homosexuales, y poco más. El resto fue una ruina. La vida nacional enlazó después el incendio de Guadalajara con once muertos de familias olvidadas, los créditos Montilla, la ruina del presupuesto comunitario, las peleas entre los ministros de Defensa y Exteriores. Bono rozaba la comicidad. Era capaz de inventar agresiones con tal de ser siempre el protagonista. En mis tiempos en televisión llamaba a menudo y ofrecía declaraciones con ideas próximas al gobierno en asuntos de interés nacional. Era capaz de traicionar a los suyos con tal de verse en un telediario.

Las buenas y grandes palabras sirven para un rato, para una charla de bar, pero las gentes comunes han aprendido que un gobierno debe gobernar, y gobernar no es decir a todos que sí. Y así, la sonrisa de su presidente se convirtió pronto en el gesto del congelado, una mueca fuera de tiempo y lugar, una amable boca sin sentido. Comunicar no es hacer frases redondas, pegadizas, atractivas como joyas, pulidas como perlas. Para comunicar se debe tener un qué, y después encontrar el cómo. Ahora abundan los gabinetes de expertos capaces de hacer frases de marketing para la televisión, lemas que mueven los corazones y las voluntades. Cuando detrás de ese decorado de cartón piedra no hay nada de verdad, la tramoya se acaba notando. En sus discursos, Rodríguez hacía gala de un «buenismo» espeluznante, una retórica de redacción de primero de bachillerato, una escritura vacía de contenidos, llena de lugares comunes. Pero cuando envió un avión a Durão Barroso para llevárselo al huerto de la Moncloa, invitarle a cenar y convencerle de que dejara en Madrid la decisión de la OPA de Gas Natural sobre Endesa, los fabricantes de frases hacía tiempo que habían cobrado y estaban disfrutando en el Caribe. Aquel día a ZP sólo se le ocurrió decir que aquello era bazofia informativa [*sic*], que es la peor frase que se le pudo ocurrir pronunciar. Parece una frase dicha a la oreja por Pepe Blanco, ese hombre.

La izquierda es tanto o más zafia que la derecha en cuestiones que tienen que ver con la comunicación y transmisión de sus ideas. Rodríguez arruinó su comunicación con dos citas secretas que luego no lo fueron. Una tarde se tomó un café con Artur Mas, y los medios llenaron el secreto de aquel encuentro con la idea de que había dado el visto bueno a un estatuto que terminaba con las competencias del gobierno en Cataluña. Otro día cenó con Barroso, y como se supo y no dijeron nada, prendió la idea de que había sido un trapicheo burdo, un cambio de la pasta de los fondos, por la pasta de la OPA contra Endesa. Y la razón fundamental de todo este fracaso es que las izquierdas se caracterizan, mucho más que los conservadores, por su hipocresía y por su oportunismo.

Predican la igualdad y aplican el privilegio. Cuando quieren combatir las ideas de la derecha sobre la escuela y la enseñanza se quedan sin argumentos, porque en su mayoría, los dirigentes socialistas llevan a sus niños a escuelas privadas o concertadas. Han hundido la enseñanza pero antes de degradar las aulas han sacado a los suyos para evitar el desastre familiar. Pepe los lleva al alemán, Pepiño al británico, otros al francés, y la mayoría a la concertada. Lo de la hipocresía no lo digo sólo yo. Si hay por ahí algún lector de izquierdas es posible que en este momento esté despreciando el libro y a su autor. No se obceque, concédame un poco más de tiempo. Le recomiendo que lea *La fractura ética* del politólogo italiano Luca Ricolfi. Luego lo puede ampliar con *¿Por qué somos antipáticos? La izquierda y el complejo de los mejores*. ¿Les suena a algo la impostada y supuesta superioridad moral de la izquierda? Consiste simplemente en despreciar a la bandera de Estados Unidos y armar a un botarate infame, a un dictador cuartelero como Hugo Chávez. La hipocresía, al fin y al cabo, no es lo más grave. Como dice Joly: «Nadie le pide a la política que sea consecuente consigo misma; siempre se puede uno contradecir. Adopta un sistema y sigue otro, anuncia la paz y hace la guerra, anuncia la guerra y hace la paz. Penetra en un territorio en nombre de la conquista, luego sale precipitadamente en nombre del derecho de gentes, se alía con una potencia e inmediatamente se distancia de ella. [...] Todo esto es política y de la buena, tan buena al menos como permite la debilidad humana».

Uno de los grandes errores del ejecutivo socialista ha sido el de movilizar en un tiempo récord a una sociedad civil que en el lado de la derecha, o mejor de los conservadores, estaba dormida. Los desprecios del gobierno a las víctimas del terrorismo, a la escuela y a la Iglesia, los favores concedidos a los enemigos de la unidad de España, las manipulaciones de la llamada «memoria histórica» (memoria corta, histérica, acotada por intereses partidistas, mendaz) que no es otra cosa que una visión sectaria y vengativa de nuestro pasado inmediato, han conseguido despertar del letargo a una buena parte de la sociedad, incluidos muchos de los que votaron el 14 de marzo por la opción socialista. Sus intentos de aislar a la derecha y escenificar su soledad dieron lugar a demostraciones masivas de apoyo, y a la construcción de una red de foros de opinión y diarios en internet que en su mayoría eran partidarios de opciones conservadoras y en los que se concentraba la crítica más feroz contra los planes del gobierno. Existe una sociedad civil capaz de resistir y de contrarrestar la más radical de las políticas de gobierno y al más sectario y rencoroso de los presidentes que ha tenido nuestra historia democrática. Se lo dice quien le ha conocido de cerca, cuando no era nada, cuando no era más que un enviado de Rubalcaba para negociar y alcanzar pactos y acuerdos que luego no cumplía.

Este error es sólo achacable a la creencia del presidente de que el voto recibido en medio del humo provocado por los atentados era un cheque en blanco para la aplicación no de un programa de gobierno, que no lo tuvo nunca, sino de un espíritu de gobierno radical. Hace unos meses, nadie se atrevía a decir en público que era católico, o que votaba a la derecha. Ahora salen como setas en otoño, se han movilizado, y se encuentran arropados, mientras la izquierda se arruga porque no saben muy bien qué defienden. Se han quedado sin idea de España, sin criterio sobre política de inmigración, y bailan la música étnica que hacen sonar los nacionalistas, en el tambor de los derechos históricos, invento medieval que nos coge muy mayores para tomárnoslo en serio.

La izquierda ha sido incapaz de adaptar su cuerpo ideológico a una realidad variable. Nunca han tenido en cuenta la demografía, más allá de utilizarla como ariete, envuelto en el algodón de las buenas intenciones, para derribar a la derecha en el poder. Para la izquierda comunista la demografía es incluso una forma de desestabilizar el sistema y provocar su colapso. ¡Que entren todos, sin límite, y que lleven a la derecha al caos! Siguen el viejo manual marxista-leninista: agudizar las contradicciones de la burguesía para que el proletariado se sume al impulso revolucionario. El problema es que el proletariado ya no existe, y hoy hasta los mineros son de derechas. No puede haber una política de izquierdas seria, coherente, capaz de responder a los retos del presente, si no tiene en cuenta una variable crítica para entender lo que nos va a pasar. Las políticas irresponsables han provocado a menudo la crisis de los servicios sociales de los barrios humildes donde se concentraba el voto a las opciones de izquierda.

Mientras, pueden seguir hablando un lenguaje codificado que no entiende nadie para ahondar en su fracaso. Tomen el caso de la reforma educativa. Es un caso mal gestionado. Sostengo una posición crítica con el gobierno, pero también con quienes convocaron la manifestación del 12 de marzo. El autor de la ley ha aparecido como un legislador incapaz de insuflar en la escuela la cultura del mérito y el esfuerzo, partidario de bajar el listón del nivel para llegar al mínimo común denominador, una forma de socializar la estupidez y la mediocridad. El manifestante parece que ha salido a la calle en defensa de la religión en las escuelas. La escuela está para instruir, y la familia para educar. Y cuando se pierde la perspectiva de estas dos tareas tan diferentes, se confunde todo.

Un filósofo católico alemán decía este otoño en una entrevista en *La Gaceta de los Negocios* que sus hijos se mantenían en la religión cristiana gracias a que no habían tenido clases de esa materia en el colegio. Robert Spaemann dice que sus hijos «tienen fe porque les borró de la clase de religión». Brillante. Estoy de acuerdo. Cuando dejo a mis hijos en la escuela por las mañanas, exijo al centro que les instruyan en matemáticas, en lengua, en geografía, que les introduzcan el veneno de la pasión por la literatura, de los idiomas, de la música. La educación es mi terreno, mi responsabilidad como padre. Y la religión y la ética son materias de la educación. Para la escuela el *trivium* y el *quadrivium*, el resto para mí. El *trivium* estaba compuesto por la gramática, la retórica y la dialéctica, estas dos últimas olvidadas en un país en el que muy pocos saben hablar en público. El *quadrivium* incluía la aritmética, la geometría, la astronomía y la música. Dejarles en otras manos es como dejarse operar del apéndice por un albañil.

Comprendo sin embargo a la Iglesia, que se siente atacada por un laicismo reductor. Son muchos los síntomas de que existe una ofensiva contra la religión católica. Europa renuncia a sus raíces cristianas y por tanto a su identidad, mientras acoge a cientos de miles de inmigrantes que no están dispuestos a eliminar las suyas, vienen con su equipaje moral, en muchos casos opuesto al nuestro en costumbres, en religión, en derechos. Nuestro modelo no les sirve, porque ni siquiera los europeos creen en él ni están dispuestos a defenderlo. Así no existe la integración, sólo la mezcla. El Estado, con una vulgar interpretación del igualitarismo, pretende tratar con el mismo rasero al cristianismo y al islam, o a cualquiera otra confesión que se instale en el territorio nacional. La prueba más grave de la crisis moral es que muchos padres que han dejado de creer o que nunca han recibido la más mínima noción de la religión católica eligen para sus hijos las clases de fe cristiana. Son incapaces de suplir en su casa las bases éticas y formativas del espíritu cristiano. La hipocresía sigue siendo el homenaje que el vicio rinde a la virtud.

En una de las perversiones de nuestro tiempo, meterse con la Iglesia se ha convertido en un signo de progresismo, en una forma de colgarse medallas. Al islam le dejan en paz, no vaya a escaparse una fatua. En esto las series y sus guionistas tienen una buena parte de responsabilidad. En TV3, la autonómica catalana, se escuchó en un capítulo de *Porca misèria* la invitación de un actor para que los contribuyentes no pongan la equis en la casilla de la Iglesia. No es el único episodio que provocó quejas. En otro capítulo, una de las protagonistas charlaba con una mujer norteamericana. La señora le preguntaba qué era el catalán y si también lo hablaba en el trabajo. Éste era el diálogo:

«—Aunque no entendí nada, qué lindo suena tu idioma. Es muy parecido al portugués o al italiano, mucho más que al español.

»—Es que soy catalana y hablo catalán.

»—¿Catalán? Nunca oí hablar de él.

»—Bueno, es un idioma que viene del latín, como el francés o el español, o el italiano.

»—Pero ¿lo hablan siempre?

»—Sí, claro.

»—Pero ¿en el trabajo también?

»—Sí, por ahora sí, aunque no sabemos cuánto durará.

»—Jamás hubiera pensado que España fuera tan distinta de como me la imaginaba.

»—Es que a algunos les debe de dar miedo que se sepa que los catalanes existimos. Todavía hay mucho fascista suelto en España.

»—Mi vida, pero ¿qué me vas a contar? Estamos en Estados Unidos, baby, y aquí los fascistas están en la Casa Blanca.

»—Cómo está el mundo.

¡Cómo está el mundo!, ¡qué gran verdad, mi vida! Así que el catalán se parece más al portugués que al español, a qué cosas nos tenemos que parecer para alejarnos de lo hispano, manda huevos. Y si se parece habrá que cambiarlo para que no se parezca, ¿eh? Una mañana de mayo del 94 nos encontramos en Roma tres periodistas. El segundo era mi amigo noruego Einar Agvaag, del *Dagbladet*. El tercero un enviado especial de TV3. Einar hablaba español, idioma que había aprendido en los bares del barrio de Tetuán en Madrid, mientras se alimentaba de patatas bravas. Einar no hablaba italiano, y el catalán apenas lo podía articular. El idioma, la lengua, la *koiné* en la que los tres nos habríamos entendido sin sufrir era el español. Fue imposible. Las tres horas que duró nuestro encuentro transcurrieron en un italiano infame, sobre todo por la parte catalana, porque yo llevaba mucho tiempo en aquella ciudad como para hablar un italiano callejero aceptable. Todo valía con tal de sacudirse el español.

Las series, como la que hemos citado, tienen una gran capacidad para cambiar las actitudes sociales, para educar a las audiencias. Las series las ven las familias. El gobierno inventó lo del horario infantil, que es mentira. Los niños no ven la tele por la tarde, porque no son imbéciles. Por la tarde no hay nada que a los niños les guste. A los pequeños no les va eso de escuchar a una becaria calentorra que pide en directo y en el estudio un torero para echarse la siesta con él. Para cazarlo no tiene pudor en bailar moviendo las caderas. Es la vida obscenificada. Ni entienden que un marido vaya a la televisión a decir que le gustaría que su mujer se disfrazara de guardia civil antes de hacer ejercicios sexuales, porque todavía no saben qué es y el alcance mitológico que tiene la Guardia Civil.

Lo que les gusta son los Lunnis, y los dibujos, y las series de la noche. Entre las diez y las once de la noche es cuando hay más niños viendo la televisión, algo así como millón y medio. Así que el rambogobierno no nos tiene que vender un código de protección para menores hasta las ocho de la tarde, código que las teles se pasarán en dos semanas por el forro del televisor. Las primeras que lo incumplieron fueron TVE y A3. Yo preferiría, si es posible, que el gobierno no protegiera a mis hijos de nada más que de sí mismo (del gobierno), porque de lo contrario pueden sufrir pesadillas y una regresión psicológica estimable. Y ahora díganme si las series son representativas de la realidad, o superponen personajes y comportamientos que sí, son graciosos y tienen chispa en los guiones, pero están lejos de nuestra vida diaria. Los niños ven lo que ven los mayores, y lo que les permiten ver los adultos. Y cuando no entienden preguntan. Una tarde, mi hijo de nueve años estaba viendo con nosotros un informativo de la televisión. Pasaron datos de una encuesta sobre las preferencias masculinas. ¿Cómo nos gustan las preguntas? Ésa era la pregunta. La mayoría había marcado como tercer requisito la innovación en la cama. Mi hijo preguntó: «Papi, ¿qué es ser innovadora en la cama?». Con dos preguntas de este tipo, los adultos cambian de programa. No hay liberal que lo resista.

La indiferencia

Una de las reglas fundamentales para soportar los infiernos de la tierra es la indiferencia. Ésta es la actitud más difícil, pero se trata de la piedra clave de todo el edificio. No me explico cómo ningún libro de autoayuda, todos tan reactivos, tan planificadores, desarrolla esta idea hasta sus últimas consecuencias. Lo decía Ignacio de Loyola, que fue sabio antes que clérigo y que valoraba esa virtud como fundamental para sus obras: «En todos deseo mucho una total indiferencia; entonces con esta obediencia y abnegación que se suponen por parte de los sujetos, tengo mucho gusto en seguir sus inclinaciones». Loyola fue capaz de crear, en la segunda mitad de su vida, una Compañía que lleva cinco siglos trabajando en la Tierra y que atraviesa una de las experiencias más apasionantes de la historia. Uno de sus discípulos le preguntó una vez cuánto tiempo necesitaría para sobreponerse a una eventual disolución de la Compañía por orden del Papa. Ignacio le respondió que quince minutos. La indiferencia se debe centrar en todo lo prescindible, en el ruido y en la furia. Es más, se recomienda vivir sin depender de todo aquello que tarde o temprano se perderá. No se trata de ninguna práctica budista. No consiste en anular el deseo. Es una actitud imprescindible para renacer como el ave Fénix: ser fiel a los principios e indiferente ante los ataques. Claro que para esto hay que tener principios. En los comienzos, créanme, cuesta. Luego uno se acostumbra. Indiferencia ante el insulto, ante la ira, ante los que, siendo muchos, derraman a diario el cubo ponzoñoso de su mala educación. Ante todo lo demás intransigencia, ¡bendita intransigencia!

Hay que ser indiferente también ante los homenajes y las defensas encendidas. Vigilen y rechacen los momentos de adhesión. No se fíen. Siempre aparecen voluntarios dispuestos a organizar una cena de adhesión que termine con un coma etílico y canciones patrióticas, de cualesquiera de las patrias grandes o pequeñas que se manejan en nuestra nación. Los elogios son un arma de doble filo. Un día el ministro Montilla se presentó en el Congreso. Atravesaba un momento difícil por aquella condonación de mil millones de pesetas de cuyo pago le había absuelto la Caixa. Metido a nacionalista sobrevenido, una oyente de la COPE dijo una mañana que lo del ministro no era una nación sino una condonación. La vicepresidenta Fernández de la Vega asumió la defensa y leyó el elogio. Montilla no debía dimitir, argumentó, porque había desarrollado una eficaz tarea como ministro. Una de sus grandes aportaciones, añadió, había sido una ley contra los *morosos*. La cámara se dividió una vez más en dos: los de la perplejidad, y los de la carcajada. La risa se impuso sobre el bochorno. La llama del ministro se apagó un poco más. ¡Ojo con quién les defiende! A veces el contraataque va dirigido a terminar con el defendido, a destrozar sus últimas fuerzas, a laminar la última resistencia: la moral. Si no pregunten a De la Vega.

Se puede ser feliz en la más adversa de las circunstancias. En el fondo, no pasa nada. Lo único que debes evitar es el miedo. Giulio Cesare Cordara lo expresaba con una fórmula económica: «Creo que para afrontar desgracias no comunes hay que emplear medios no comunes». Ésta es la única forma de que los tiempos de desgracias se conviertan en épocas de nuevas y grandes oportunidades. Para lograrlo se debe tener una visión clara y mantener la coherencia a pesar de cualquier circunstancia. Warren Bennis sostiene en su libro *Líderes* que esa claridad es la brújula que capacita a la gente para asumir riesgos con confianza, autonomía y creatividad. La indiferencia es una táctica extraordinaria, un recurso de emergencia. Si en un semáforo un energúmeno te mira extraño, tú le contemplas fijamente. Si te ladra ríes, si te aplaude también. En cualquier caso el resultado es desconcertante. No soportan la firmeza, y sufren con la alegría, por tanto muéstrate satisfecho porque las razones te sobran. En la vida diaria puedes encontrar miles de ocasiones y pretextos para la felicidad. Pero debes moderar tus expresiones de júbilo: nada duele más que ver reír a alguien a quien suponías muerto. Si además viste bien, el dolor es insoportable, y puede provocar reacciones incontroladas que pueden llegar incluso a la violencia. Si tu risa es una carcajada y despierta el estupor, ¡pide perdón! Lo siento por quienes han empleado parte de su tiempo y lo peor de su pluma en cargar las tintas contra mi persona. ¡Inténtelo de nuevo, repítanlo porque no me he enterado!

No les puedo decir más, porque no sabría explicar más que con estos detalles puramente intuitivos, mi comportamiento. Es probable que no sea una forma de actuar muy inteligente. Sólo se me ocurre exhortar al lector, como hizo Thomas De Quincey, «a que no haga jamás el menor caso de su inteligencia cuando ésta se oponga a cualquier otra de sus facultades mentales. La mera inteligencia, aunque útil e indispensable, es la más pobre de las facultades de la mente humana y aquella de la que más debe desconfiarse, y sin embargo la gran mayoría de las gentes no confían en otra cosa» *(On the Knocking at the Gate in Macbeth)*. Seis meses después de la primera cita con E. la presión había empezado a ceder, las citas en la prensa hostil eran infrecuentes, los mensajes y cartas de adhesión iban en aumento, como salidos de la clandestinidad. Los fracasos de los sucesores, sus audiencias anémicas, su incapacidad para sostener el pulso de la casa, nos colocaban en una posición de triunfo póstumo. Una débil red se iba tejiendo con hilos muy tenues. Los primeros lectores de *Días de ruido y furia* elogiaban el gesto de no callar y denunciar. El tono ambiental había cambiado. La calle ya no era suya, ahora estaban recogidos, viendo con estupor cómo crecían los problemas. La tierra prometida por Rodríguez y sus socios había resultado un baldío, y los primeros incendios comenzaban a arrasar el viejo bosque de árboles centenarios.

Con estas ideas y algunas debilidades me introduje en el mundo de los deportistas, dispuesto a hacer por ellos lo que el deporte había sido incapaz de hacer por mí en tantos años. Pero ésa es otra historia, la de una aventura colectiva de un equipo capaz de grandes sueños. No quiero adelantarles acontecimientos. El deporte se juega en el purgatorio. En el infierno sólo ruedan cabezas, el golf se juega en campos sin hoyos y en los lagos helados no se permite patinar.

5

La tentación de la oscuridad
Tercer encuentro

> Nada hay más triste que un hombre que ha visto cumplidos todos sus deseos.
>
> ELIAS CANETTI

Tres golpes sonaron en la puerta. Y sin embargo ninguno de los dos había levantado la mano. Un mayordomo abrió la casa pero no su boca, de la que no surgió ni orden ni saludo. Una máscara de águila imperial recogió nuestros abrigos. Sólo algunos cuerpos se ocultaban en disfraces. No tardé en acostumbrarme a la penumbra ni en reconocer algunos rostros famosos en un salón amplio donde las conversaciones se ordenaban discretas en pequeños grupos. Nadie se movió con nuestra entrada, nadie miró hacia nosotros, como si fuésemos invisibles, o más bien como si todos nos esperaran. Lo que para otro hubiera sido una decepción, el no despertar ningún interés, fue para mí en aquel momento un regalo.

Estábamos en el centro de Madrid, en un primer piso de la calle Fortuny. Ésa fue la dirección que el pequeño anfitrión le había dado a su chófer. Con él todo era fácil y accesible. Desprendía la sensación de que su vida había sido un continuo acostumbrarse a que las puertas se abran sin llamar, sin ruido. Actuaba como un mago, atento siempre para anotar los deseos ocultos o manifiestos de sus clientes. Si alguien mostraba interés por un financiero, a la semana siguiente estaba sentado en su mesa. Si alguien buscaba una situación distendida para hablar de negocios con un director de televisión, él provocaba el encuentro. Cuando alguien manifestaba sus preferencias por el caviar, dos días después se presentaba en la puerta de su casa un mozo con un paquete, y en su interior una lata de medio kilo del mejor iraní. Prometía gloria, cámaras y focos. A veces fallaba, porque nadie es perfecto. No trabajaba con misses ni en servicios de celestina. Por higiene. Un arcángel. Lo cual no quiere decir que no disfrutara con las variaciones y combinaciones que de forma natural y espontánea se producían en su ámbito de influencia más próximo.

Al fondo del salón se intuían otras estancias y el silencio concentrado de las mesas de juego. Un corredor interminable separaba una zona de la otra. Ninguno de los lados del pasillo tenía final. Atravesamos el salón saludando aquí y allá a algunas caras famosas que asentían, sonreían, y volvían a la conversación. Había políticos de filiación masónica, sin más ideología que el poder piramidal, y por tanto afiliados a los más variados partidos. Saludamos a una vieja estrella de la televisión con grandes bigotes, una conocida actriz de los tiempos de la transición, y un financiero. Dimos la mano a un director de periódico de alopecia incipiente que no paraba de pellizcarse a la altura de los genitales. En un rincón fumaba un hombre de pelo cano en quien creí reconocer a un antiguo gobernador civil envuelto en los últimos días de su mandato en un escándalo por pegar a su mujer. Nos preguntaron si habíamos saludado a no sé qué ministro pero ni lo vimos ni recuerdo su nombre. El resto eran para mí desconocidos, y por tanto intuí que eran los más poderosos porque el poder sólido, el fuerte, el que cuenta, suele huir de la prensa y evita las fotos y es por tanto anónimo, y sólo lo conoce quien lo sufre, lo goza o lo comparte.

—¿Qué es esto, dónde estamos?

—En un lugar donde se satisfacen todos los deseos materiales y algunos espirituales.

—¡El paraíso!

—O el infierno.

—¿Trabajas aquí?

—Soy el propietario.

—¿Qué has montado, un club o un parque temático?

—Un parque temático organizado como un club, exclusivo, reservado. Esto no puede estar al alcance de todos, porque entonces no tendría ningún valor.

—Podríamos organizar un *reality show* con ese principio fundamental: ¡entra en Xanadú, el reino donde todo se consigue sin esfuerzo!, basta desear con intensidad para que tus sueños se hagan realidad. Es cierto, sería infernal, un aburrimiento mortal. No podrían soportarlo mucho tiempo.

—Quizá. Pero el casting sería masivo. Basta una venta adecuada, hay que saber decir a la gente lo que ellos quieren escuchar, nadie querría perderse una experiencia como ésta, ¿eh?

Al pasar junto a un grupo de mujeres que rodeaban a una enorme barriga coronada por una pequeña cabeza, capté el final del monólogo de una cuarentona estupenda vestida con algo parecido a un mandil negro, con aberturas laterales como las agallas de una lubina: «... Y entonces me ligué las trompas y me puse silicona en estos pechos. Y aquella noche le dije a mi amante: Jenaro, se ha cerrado la fábrica de los niños, y hemos abierto el parque de atracciones». La cabeza del gordo enrojeció antes de estallar en una convulsa carcajada cercana a la apoplejía. Tenía razón Chesterton: «Dentro de un hombre gordo siempre hay uno delgado que pugna por salir». El chiste había despertado al magro inquilino que habitaba en el interior de aquella bola de grasa.

—¿Y qué hacen aquí?

—Cada uno hace lo que quiere, y no se tienen que preocupar de las consecuencias, para eso estoy yo. El lujo es que te libren de la responsabilidad. Eso a veces lo procura el estado, pero en un grado muy mezquino, y en consultas bastante sucias y cutres.

—¿Jugamos unos dados?

Habíamos llegado a una pequeña sala en la que un grupo de personas se asomaban a la luz que colgaba sobre una mesa larga por la que corrían a intervalos y alborotados dos gruesos dados, como gemelos arrojados desde una colina. En el extremo un crupier recogía y repartía las fichas. Todos atendían el ir y venir de los cubos, sus rebotes, la numeración final. El crupier cantaba la cifra, y entregaba la pareja al siguiente jugador.

—¡Siete, gana!

Un murmullo de voces y gestos se elevó en la sala. El entusiasmo del juego es contagioso. Estábamos detrás del jugador, y veíamos saltar los dados, y el rostro impasible del crupier.

—¡Siete, gana!

—Y van cinco —exclamó alguien a nuestro lado.

—Va a arruinar a la banca.

El crupier cambiaba de dados a cada tirada. Cogió un par y los entregó al jugador. Éste los calentó en la mano, elevó los puños, agitó los cubos en ese pequeño templo formado por el hueco de las manos, como una catedral de la fortuna, buscando captar la atención de una sala que contenía la respiración hasta ver los cubos detenidos, y lanzó ojos y dados contra la pared contraria, con violencia.

—Tres, la banca gana.

Un «¡Oh!» unánime, una exhalación general puso punto final a la serie de victorias. Las manos que antes habían mimado los dados recogieron en desorden los montones de fichas, llenaron los bolsillos de una americana, y el jugador salió de la luz para entrar de cara en las sombras, donde ya se perdía el coro de espectadores que había jaleado sus aciertos.

—¡Urdaci, tú por aquí!

—¡Eleuterio!

Busqué con los ojos al anfitrión, pero había desaparecido. Ni rastro. Con aquel tamaño tenía muy fácil perderse. Intuí su figura en medio de un grupo en el que cuatro mujeres miraban atentas hacia abajo. Sus escotes quedaban por tanto fuera del alcance de su ojos. También le quedaban lejanas sus orejas, que son el primer y gran órgano de seducción, ese laberinto oscuro por el que entran las palabras, órgano de inserción, directo al rector, directo al cerebro. Si uno es ágil, veloz y certero con la magia de las palabras, las mujeres se entregan como las palomas del prestidigitador.

—¿Buscas a alguien?

—A quien me trajo aquí.

—La primera vez nadie viene solo, serían incapaces de encontrarlo. Pero una vez dentro no dependes de nadie.

—Y tú ¿cómo llegaste?

—Me contrataron como asesor. La misma tarde que nos vimos en el Villamagna. Poco antes de que llegaras al hotel.

—¿Un trabajo extra?

—Incluso yo necesito una tapadera, un pretexto, un lugar de observación. Es divertido, y no admiten a cualquiera. Aquí no hay sorpresas y es mucho más fácil cumplir los objetivos marcados. Todo el que llega a esta casa ha recorrido más de la mitad del camino.

—¿Y qué hace un asesor jugando a los dados?

—Es parte de mi trabajo: unas veces ganar, otras perder. Si quieres puedes probar. Tienes dados, ruletas, y juegos morales de alto riesgo. El que llega hasta aquí suele buscar una única diversión, y cuando encuentra lo que busca repite, siempre lo mismo, animado por una profunda insatisfacción. Pero, bueno, cuéntame cómo te va. Ahora es lo único que me interesa, todo lo demás puede esperar. Ya ves que con lo que gano me he comprado un buen traje, ¿qué te parece?

No supe qué decirle. Era algo así como el presidente del Betis vestido de Dolce & Gabbana, pero me callé. Nos sentamos en un rincón del salón.

—Yo me veo bien, ahora no paso desapercibido como antes.

—A mí también me pasa, sin necesidad de vestirme así. Y qué, ¿alguna oferta con ese nuevo aire?

—Todas equivocadas.

—Te lo advertí.

—Es gratificante, me halaga, voy afinando mi criterio, aunque plantea problemas de futuro: limita el crecimiento de la especie. Para nosotros puede ser un callejón sin salida, nos gustan más los que no renuncian a nada, los que se multiplican, los ambiguos que hacen a pelo y a pluma.

—Se nota en tu vocabulario que has hecho calle.

—Nuestro oficio es un aprendizaje constante.

Su amabilidad terminó pronto. Su rostro no cambió. Impasible, como si estuviera borracho de botox, comenzó el examen de conciencia, mientras con el índice izquierdo removía un gélido *dry martini*.

—¿Cómo se te ocurre proponer la indiferencia?

—Sólo la practico contra la agresión, para defenderme de los botarates, de los energúmenos, de la izquierda estalinista que renace, de los pirómanos, de los aduladores, de la obscenidad y de los suplementos literarios. En todo lo demás soy cada vez más intransigente.

—La intransigencia no está de moda.

—No, ahora se prefiere una conciencia vacía, y una vez vaciada se predica la tolerancia. Es la mejor forma de dejar de saber quién eres, y convertirte después en cualquier cosa. La esquizofrenia es el mal contemporáneo.

—Me dicen que has vuelto a fracasar. La televisión se te escapa. Has tenido oportunidades, pero las rechazas todas. No puedes seguir así mucho tiempo

—En el fondo no pasa nada. La tele se fue para mí, ya no es mi negocio. Supongo que esto prolonga mi estancia en el infierno.

—No lo sé. Todavía no has conseguido reinventarte en una figura verosímil. Ésa era la condición, ¿lo recuerdas? Hasta que no lo consigas seguirás errando por estos antros, durmiendo mal, habitando en un tiempo alterado, atrapado en un círculo.

—Podría ser un criminal y así terminábamos pronto y te entregaba algún cliente maduro.

—En ese caso este motel en el que habitas se convertirá en

una residencia permanente. La elección es tuya. Como hombre eres un ser amorfo. Tú sabes lo que puedes hacer. Por mi parte no habrá ninguna indicación. No hay nada más satisfactorio en nuestro negocio que ver cómo vienen libres y decididos a nosotros. He visto que tienes algunas ideas, pero ninguna importante, nada suficiente como para salir de este paréntesis mortal, a pesar de que ya tienes tres libros. Dos de ellos no me han gustado nada. El primero sí, tiene una dosis de maldad suficiente, y desnudas algunas almas hasta dejarlas en la intemperie moral. Brillante. El resto lo considero un error. Escribir sobre el Vaticano, una institución en decadencia, y sobre Ratzinger, al que con mucho esfuerzo hemos construido una imagen de ultra, intransigente, un «pastor alemán» [*sic*] incapaz de comprender el alma contemporánea, su sed infinita de relativismo, eso no ha sido un gesto honesto. Estaba convencido de que nuestras relaciones iban a ser más amistosas y cordiales. Vuelves a ser un recalcitrante.

—Estabas equivocado.

—Muerto el polaco estábamos a punto de conseguir que el pontífice más famoso fuera el papa Borgia. Circulan por ahí algunos libros que le alaban, valoran su sentido político, y perdonan con tolerancia sus ambiciones y apetitos. Esto es lo que nos hace falta.

—Tendrás que recurrir a Trucker para recuperarte. Entiendo que Ratzinger no os ha gustado.

—Hubiéramos preferido alguien más materialista, más atento al presente. Había muchos candidatos con ese perfil, pero no es fácil colarse en el cónclave y contrarrestar las votaciones, ¡hay que ser de hierro para soportar los ropajes, las ceremonias, tanto incienso y tanta bendición!, y ese fresco del Juicio Final, esa burda manipulación de Miguel Ángel, un hábil propagandista de los Papas de la Contrarreforma. No se encuentran fácilmente voluntarios para esa tarea. Los hubo. En una ocasión se envió al mejor de nosotros, pero se pasó al otro lado. Es una experiencia que nos costará repetir. Implica muchos riesgos y nunca hemos tenido beneficios.

Movía la pierna como un anciano. Miraba de un lado a otro.

—Te noto incómodo.

—Son asuntos que me inquietan, no te lo oculto. —Miró el reloj, que también era nuevo porque no dejaba de tocarlo como si le molestara en la muñeca—. Y ahora te dejo. Tengo trabajo. Y tú tienes mucha tarea. Date prisa. Has perdido mucho tiempo, has tanteado, has dado pasos en muchas direcciones. Algunos te ven perdido, extraviado. Si te cansas, déjate querer, desmáyate en nuestros brazos. Nosotros te apreciamos, y no tienes mucha gente que te quiera.

—Los imprescindibles. ¿Cuánto más va a durar esto?

—Volveremos a vernos.

Quise darle la mano pero ni la miró. Se perdió entre el alboroto de una fiesta que venía del fondo derecho del pasillo. Desde que la Conferencia Episcopal sacaba los obispos a la calle no era el mismo. Había envejecido y sus párpados estaban subrayados por dos oscuras ojeras. El ruido de la farra crecía. Alguien había ganado y lo celebraba y los gritos eran como un imán para el resto. La corriente humana se perdió hacia el fondo, y el salón se quedó vacío. En la puerta me despedí del mayordomo que movió la boca sin llegar a abrirla, como si estuviera bostezando sin despegar los labios. Salí de allí y volví a casa caminando. Estaba lejos, pero se me hizo corto. Cuando llegué miré el reloj y eran sólo las once de la noche. Mi tiempo seguía instalado en el ridículo.

6

El viaje

¿Cómo encontrar al diablo cuando lo andamos buscando? Viene, se presenta inesperadamente y desaparece. Y aunque desaparezca, siempre andará suelto por ahí.

JOSEPH ROTH,
Confesiones de un asesino

Pronto intuí que para salir del infierno, conviene hacer un viaje, quizá una peregrinación laica. La idea de alejarme de mi casa me incomodaba. Los últimos análisis de la sangre de mi cuerpo habían revelado niveles altos de una enzima llamada C.P.K. Nunca en la vida hasta entonces me habían mirado la cepeká. Estaba convencido de que se trataba de un nuevo descubrimiento, una trampa bioquímica. Al repasar las tablas el médico me miró asombrado. Me preguntó si era un deportista de élite. Le dije que no como si me hubiera acusado de un crimen. «No lo soy, pero trabajo para ellos.» Luego, ya más tranquilo, me explicó que la CPK es una enzima que producen los músculos cuando se les somete a entrenamientos de seis, siete horas de deporte continuo. No era mi caso, sino más bien al contrario, yo debiera tener concentraciones de creatinfosfokinasa ínfimas, irrelevantes, inapreciables. La cosa quedó pendiente de aclarar con nuevas pruebas. El único esfuerzo excitante que practicaba en aquellos días era la lectura de *Piensa gigante*, la obra de un genial John Rice, un hombre de 85 centímetros de estatura que junto a su hermano gemelo había construido un imperio económico. Eran los bajitos más ricos del mundo, dos tipos simpáticos, optimistas, que habían amasado su primera fortuna con las ventas a domicilio, puerta a puerta, de cosméticos. Las señoras caían rendidas ante la habilidad mágica de los Rice, dos tipos con chispa, dos hombres niño, una realidad irresistible para las mujeres, que siempre han soñado con tener uno para ellas hasta que la naturaleza hizo a los Rice.

Con esa inquietud por mis niveles de cepeká, la recomendación médica de no hacer deporte, y la euforia por el ejemplo de Rice, comencé mi peregrinación. No tendría el sentido antiguo, de aquellos viajes a Santiago, a Roma, o a Jerusalén, las tres grandes ciudades del júbilo y el perdón. Éste iba a ser un viaje al absurdo, una extraña gira sin sentido. Sentía que me movía en un terreno salvaje, oscuro. La vasta superficie de las fincas de Satán es tan grande que hay que rodar y rodar hasta dar con el final del laberinto. Son muchos los que pasan a nuestro lado buscando la puerta de salida. Fíjese bien y los verá. No llevan prisa. Tampoco se detienen. Son como Guillermo Larregui, «el vasco de la carretilla», que así era conocido en la Argentina de los años treinta. No era vasco, sino navarro, del barrio pamplonés de la Rochapea, pero en el Nuevo Mundo tienden a agrupar las erres de los apellidos en una misma región imaginaria, sin atender a historias ni evoluciones. En 1900, con quince años, se embarcó hacia América en busca de aventuras y fortuna. Sus primeros trabajos tuvieron que ver con la mar, la madera y el petróleo. En el último rincón de la Patagonia se quedó sin trabajo, colgado del tiempo y al pairo de los vendavales que azotan un pueblo remoto llamado Comandante Luis Piedrabuena.

Una noche de hogueras, mate y desafíos se embarcó tozudo en la empresa de recorrer a pie el lomo del país, empujando una carretilla cargada con 130 kilos de peso. No tenía nada mejor que hacer, y estoy seguro de que en la madrugada alguien pronunció la expresión que pone en marcha tantas empresas: «¡No tienes lo que hay que tener!». Empezó en la mañana siguiente, el 25 de marzo de 1935. Catorce meses y tres mil kilómetros después, llegó a Buenos Aires entre un fervor popular de vítores y flores, y consiguió que la fama de testarudos de los vascos y navarros fuera firme e indeleble. Ésa es la penitencia que tienen que pagar nuestros vecinos por el pecado de la confusión étnica. Larregui gastó en el viaje 31 pares de alpargatas, pero llegó con la misma boina. Era un hombre de palabra.

El paseo austral le dio fama, y oportunidades. No tenemos noticias de cuántas porteñas consiguieron arrancarle la boina y despeinar su cabeza dura, pero la cosa le gustó tanto y le dio tanta fama, que el navarro hizo otros dos grandes viajes por la Argentina, entre los elogios de la prensa y el estupor de los gauchos y de sus rebaños. No paró hasta encontrar una singular puerta de salida de aquel infierno patagón al que le había llevado su cabeza loca: las cataratas de Iguazú. Sus últimos años los pasó como guía del «agua grande». Murió a los setenta y nueve, y antes dejó escrito que un pueblo sin curiosidad es un pueblo muerto. Debo el hallazgo de la historia de este singular navarro al periodista Ander Izagirre, que publicó la peripecia en la revista *Nuestro Tiempo* (septiembre de 2005), y que me llegó al corazón porque por aquellas tierras pastoreó ganado mi abuelo Lorenzo con su hermano Benito, antes de regresar el primero a Navarra para sembrar su tierra de hijos y trigo. En las fotos que todavía se conservan, algunas con dedicatoria a los testigos de aquel absurdo viaje, Larregui mira fijo al objetivo. Tenía un rostro forjado a golpes, curtido por la intemperie, la mirada triste de los que echan de menos algo que nunca podrán recuperar, algo que perdieron en la infancia, un bigote breve, y dos cejas como cepillos. A ratos lo imagino por los caminos de la Patagonia, en el invierno austral, entre ventiscas de nieve, a veinte bajo cero, como hipnotizado, dueño de una fuerza interior inconmensurable. Y estoy seguro de que la imaginación se parece a lo que habría sido su recuerdo. No sé por qué, no lo puedo explicar, pero la historia de Larregui me trae a la cabeza la frase de Robert Walser: «Dios está con los que no piensan».

Por las rutas del infierno

La historia de Larregui me sugirió la tentación de vivir en la Patagonia un retiro prudente, un largo paréntesis en busca de algún sueño, o de la iluminación que suele aparecer en esos páramos desiertos hacia mitad de la vida. Podría hacer el viaje que Bruce Chatwin narra en su libro *En la Patagonia*, quizá el mejor libro de viajes de la historia de la literatura. La región, en su extremo sur, tiene un aire infernal. Las únicas hogueras que quedan en la Tierra del Fuego son las de las chimeneas de las explotaciones de petróleo, que «proyectan un manto luminoso sobre el cielo nocturno» (B. Chatwin). El escritor recuerda cómo en el canto 26 del *Inferno*, Dante sitúa a Ulises, arrebatado de su loca trayectoria hacia el sur, en el momento en que divisa la isla-montaña del Purgatorio, cuando su barco es destrozado por las olas que rompen su deseo de transgredir los límites humanos. Los albatros baten las alas en estos cielos, en los que Coleridge halló los sucesos que inspiraron *La balada del viejo marinero*. No he renunciado al retiro, pero creo que es demasiado pronto. Cuando lo quiera será tarde, y ya no quedarán lugares en el mundo donde uno pueda desaparecer. Antes quiero ver algunos sucesos que ya se apuntan en el futuro inmediato.

La geografía del infierno repite algunos lugares comunes, por los que transitan los mismos personajes. Muchos no se cruzan porque no dejan huellas. Chatwin nunca tuvo conocimiento de la historia de Larregui. De haberlo sabido le habría incorporado a los personajes solitarios que rondan ese margen del mundo. Algunos pasan años antes de llegar a encontrar el final del laberinto. No saludan en el ascensor porque están pensando en qué dirección tomarán cuando se abran las puertas. No suelen leer siempre el mismo periódico. No es una cuestión de ideologías ni de simpatías. Buscan en los anuncios por palabras, y ésa es la sección en la que más se distinguen algunos diarios. En lo demás hay muchos parecidos. Suelen habitar las tertulias de la radio y opinan con moderación por temor a pisar los dedos de alguien con influencia que les pueda desorientar todavía más. Los hay que mueren de enfermedades de proceso largo, o de vejez, pocas veces de infarto, nunca de diabetes, y en ocasiones de melancolía, que es de lo que suelen morir los que ya están muertos. Los hay incluso que han convertido esa peregrinación en una fuente de ingresos, en una forma de vida.

Si el viaje es largo, es conveniente llevar poca carga, y echarle morro. José Antonio Labordeta, vate y juglar de la izquierda, paladín de un nacionalismo de melocotón en almíbar y cachirulo, tuvo la habilidad de echarse la mochila al hombro y hacerse unas cuantas excursiones por España. El que le abrió las puertas de la televisión pública fue un amigo suyo, que había sido un destacado *flecha* del Movimiento Nacional. Trabajaba en la editorial Doncel, marca que llevaban los libros que exaltaban y fomentaban la educación del espíritu nacional. Un día fue descubierto en un desfalco que le costó el puesto y la condena a pasar el resto de su vida laboral como directivo del ente público. El pufo y los traslados terminaron por cambiarle la mente. Labordeta llegó a la pantalla de su mano. Entre vaso de vino y trozo de queso se daba unas vueltas por el congreso para castigar el hígado del mismo director general que le colocaba la serie y se la pagaba a buen precio. Labordeta aprovechó aquella tanda para hacer campaña contra el Plan Hidrológico Nacional. Se cargaba el país al hombro, sobaba un poco el cayado, se calaba la gorra, y ponía cara de Cela entre los arrozales del delta. Luego le salía del zurrón un programa en el que todos estaban en contra, y al caminante se le caían los párpados de tristeza mientras miraba por última vez aquellos paisajes que iban a morir con el trasvase diabólico. No había llegado la sequía, y los que entonces pedían agua eran, en aquellas regiones del norte, sólo unos golfos de golf. Al mochilero nunca se le ocurrió decir que para regar una hectárea de verde de golf se necesita menos agua que para una hectárea de maíz. El panizo está subvencionado (nos cuesta dinero) y su capacidad de generar empleo es infinitamente menor que la del deporte de los palos y los agujeritos.

Y así sus seguidores seguían instalados en la ignorancia supina. A Labordeta le seguían en algunos capítulos unas cuantas moscas que zumbaban alrededor de su gorra, como si fueran parte del personal de TVE, moscas de atrezo. Todas eran distintas, como diría Flaubert.

Antes del Estatuto

Mi peregrinación comenzó en Cataluña. No lo tomé como una penitencia, sino como un desafío. Era un regreso. Yo siempre vuelvo a Cataluña, donde pasé tres buenos años de mi vida, allá por la primera juventud, cuando tenía justo doce de edad, y fuimos a estudiar, mi hermano Javier y yo, a un colegio de Salesianos que miraba a Barcelona por encima del hombro, desde la atalaya del Tibidabo. Cantábamos en una escolanía que conseguía combinar cuatro voces en una trenza vocal prodigiosa, dirigidos por un cura de Bargota que nada tenía que ver con las novelas de Baroja. Era duro, implacable, de mirada hundida, aguda, con dos ojos como dos alfileres negros. Sólo así era capaz de mantener la disciplina colegial de los escolanos mientras subíamos y bajábamos por las escalas musicales que él marcaba desde las teclas de un armonio. En el colegio se contaba como una de las leyendas del centro que aquella gimnasia coral había conseguido convertir a alguno de los más recalcitrantes ateos.

Cuando el cura de Bargota estaba de buen humor, y eran pocas las veces, se dejaba querer por aquellos muchachos que le pedían que les enseñara la cicatriz. Después de rogarle a coro que nos mostrara aquella intimidad clínica, sacaba con orgullo los faldones de la camisa, y subía la parte izquierda hasta el hombro. Bajo el tergal gris del clérigo aparecía una marca de color rosa oscuro flanqueada por dos hileras de puntos del mismo tono. Cinco puños de niño habrían entrado con facilidad en aquel tajo abierto en el flanco cardíaco del padre cantor. Por aquellos años, primeros de los setenta, las intervenciones torácicas se hacían con martillo y escoplo, abriendo en canal. «A vida o muerte», se decía. La sesión de anatomía patológica terminaba pronto, casi bruscamente, cuando en su rostro aparecía un rayo de tristeza, como si volviera a sentir el aliento frío de la muerte husmeando con su hocico helado, tanteando con su lengua áspera en aquella axila.

Había en aquel internado personajes singulares. Las cocinas estaban gobernadas por un hermano de edad avanzada que no había llegado a hacer los votos del sacerdocio. Aquel hombre cocinaba unas albóndigas descomunales en las que, una vez abiertas, el tamaño grueso de las partículas permitía enumerar los ingredientes de que estaban hechas. Una tarde, en clase de Ciencias Naturales, el profesor preguntó a un alumno de origen leonés, la clasificación de los animales por su alimentación. El maragato terminó su disertación con una gran seguridad:

—La demostración de que el hombre es un animal omnívoro son las albóndigas de Ezequiel.

El cocinero tenía una única obsesión, un objetivo al que orientaba su existencia. Cuando apagaba los fuegos y cerraba las cocinas, cuando sus ayudantes dejaban las grandes ollas bruñidas y colgadas del techo, Ezequiel cerraba la puerta, sacaba un viejo violín, y al último calor de los rescoldos del carbón, ensayaba una única pieza. Una y otra vez, un día tras otro, domingos y fiestas de guardar, practicaba sin descanso las *Czardas* de Monti. No tocaba otra cosa que no fuera aquella música vertiginosa, que en sus manos sonaba como un avestruz destripada en una autopsia. Después de cenar y recoger el comedor subíamos a los dormitorios mientras las notas se perdían como si tuvieran origen en alguna remota y profunda prisión. Todavía hoy, algunas veces, antes de dormir, escucho aquella música cíngara interpretada por unos dedos que se afanan tozudos por vencer a la artrosis y tensarse para alcanzar el *allegro vivace* que indicaba la partitura.

He vuelto muchas veces, a Cadaqués, a L'Estartit, al Ampurdán, a Barcelona, a Gerona, de vacaciones y también por trabajo. Así como para algunos no existe una sola España, también podríamos decir que no hay una sola Cataluña, porque entre el Llobregat y la Garrotxa puede haber más distancia mental y cultural que entre la Alpujarra y los montes de Teruel. Tuve en aquellos años buenos maestros, y una afición por el teatro que se pudo desarrollar en Gerona, en el seminario que la orden fundada por Juan Bosco tenía en Sarrià de Ter, un enorme caserón rodeado de fincas de frutales y sembrados. En aquellos días, en aquel lugar, lo más parecido al infierno era la chimenea de la Torras Hostench, una planta papelera a orillas del río Ter.

La boca de aquel engendro vomitaba un humo blanco y espeso sin descanso, de día y de noche. Cuando caía el sol, el humo adquiría un tono rojizo por las luces intermitentes que se encendían en su extremo, para advertir a los aviones de la altura descomunal de aquella mole. Cuando el viento soplaba desde el norte, la peste de los hiposulfitos penetraba hasta los últimos rincones del seminario. Era un olor fétido, agrio, constante, que flotaba entre los plátanos y atravesaba los campos de maíz que rodeaban el noviciado. Pasé en Gerona unos años estupendos que abrieron mi horizonte, me procuraron nuevas inquietudes en una edad en la que se van buscando metas e ideales ambiciosos. Fueron también los años del despertar de una sexualidad abrupta e intensa. La teoría de las primeras clases sobre la naturaleza humana y sus sistemas de reproducción se ilustraba de vez en cuando con el sobresalto de los apareamientos brutales de algunos alumnos externos en un maizal que llegaba hasta las ventanas de las aulas. Recuerdo que en alguna ocasión algún sacerdote tuvo que cerrar a toda prisa los cristales abiertos para aliviar el calor de los primeros días de junio, y elevar la voz en la clase de latín para tapar con los discursos de Cicerón los gemidos de una cópula brutal entre las filas del panizo.

En la montaña rusa

Todos estos recuerdos me vienen siempre que vuelvo a Cataluña. Fueron convocados de nuevo un día de enero de 2005, cuando entregué mi tarjeta de embarque para el avión del puente aéreo. Clase turista. Es bueno ir en clase turista cuando uno cree estar en el cielo, porque luego siempre llega la hora de regresar a las filas de atrás. Siempre he seguido la norma de vivir según las posibilidades que uno tendrá cuando deje cargos y privilegios. Acostumbrado por tanto al catering de segunda fila y a las restricciones de alcohol que imperan tras la cortina que nos separa del business, no tuve problemas en volver a instalarme en la misma zona del avión.

Recuerdo que mi fila era la catorce. Detrás, tres maduros con camisa oscura y corbata metálica, el uniforme republicano, cuchichearon unas palabras. Uno de ellos pronunció mi nombre. Otro dijo: «Aquí va a haber hostias». No las hubo. Siempre que alguien advierte de que está a punto de sufrir un ataque de epilepsia, no pasa nada. Lo grave es cuando te da sin haberlo meditado, sin advertencias, sin síntomas aparentes de la enfermedad. Una mañana te ves con buena cara y por la tarde, zas, te da. El asesino del quinto siempre es, según las crónicas periodísticas, alguien que se llevaba bien con todos, un buen hombre, quizá «algo callado, un punto reservado», uno de esos que no sacan nunca la fiera que todos llevamos dentro, porque en su caso, el café siempre ha tenido la temperatura correcta y el punto de azúcar adecuado.

Abrí el periódico que te regalan en el avión y me pasé el viaje leyendo las últimas aportaciones de la izquierda a la identidad nacionalista, la segregación idiomática, el descubrimiento de su condición de víctimas, la justicia universal y la reparación de todos los daños sufridos en siglos de disparidad de género. Las páginas de cultura eran como siempre un escaparate de libros que nadie lee porque a nadie interesan y de directores de cine que desprecian las películas taquilleras y aborrecen a Harry Potter.

Durante el viaje mis tres amables compañeros debieron sufrir una pérdida de testosterona, o una subida de eso que llaman el *seny*, porque bajaron del avión sin abrir la boca, contentos y radiantes de estar de nuevo en casa. Las alturas obran milagros. Son como los niños, es mejor que pierdan algo de fuerza durante la tarde: luego duermen mucho mejor.

La primera cita de aquella maratón la reservé para un buen amigo. Nos vimos en los salones del hotel Avenida Palace, junto a uno de los grandes ventanales abiertos al tráfico de la Gran Vía de las Cortes Catalanas. No habíamos comenzado la charla cuando de entre un grupo de jóvenes en el que ninguno llegaba a los treinta, se levantó uno, y llamó al camarero. Cuando el empleado llegó a aquel extremo del salón, el espontáneo levantó la voz para que le escuchara toda la parroquia y dijo: «Sirva a aquellos dos señores lo que le pidan. Pago yo. Lo que quieran: champán francés, caviar iraní, lo que le pidan. Y si quieren cerrar el local y hacemos una fiesta cumpla sus órdenes, porque aquel señor de las gafas se lo merece todo». Enrojecido por la efervescencia de cincuenta miradas, pedí al camarero que nos sirviera dos copas de champán. Pensé en el cava pero temí defraudar a aquel partidario, y como en el beber y el comer nunca he hecho patria, pensé que era una oportunidad de rendir un homenaje a los vinos de Reims, después de aquel día sometido al vaivén de casi todos los extremos de la montaña rusa nacional, cuyo taquillero es un indigente intelectual dotado de una insólita capacidad de crear odio con buenas palabras. Salud. Muy pronto comprendería que aquel mismo gesto se repite a diario en alguna de las capillas de la progresía catalana. Quizá, pensé, estoy cerca de una explicación etílica para comprender por qué el jefe de la tribu había tenido aquella idea genial de unir Cataluña a la francofonía, una propuesta de suicidio porque, como hasta los chicos de la ESO saben, Francia es el país más centralista de Europa, donde las diferencias de lengua y los sentimientos nacionales son subordinaciones domésticas del francés y de la *grandeur*, tics despreciables para un París donde todo lo que no sea francés no existe.

El día siguiente empezó temprano, a bordo de un taxi. Uno se sube a los taxis de Barcelona y parece que entra en otra ciudad. En las radios suenan rumbas y a veces mambos. Los salpicaderos están abarrotados de vírgenes sureñas, de Guadalupes, de Macarenas. La Esquerra debiera nacionalizar el gremio, porque el taxi es un difusor de cultura, un medio hostil donde se escucha la COPE y Onda Cero, se dan palmas con las orejas y se reniega del tripartito con un palillo entre los dientes. Ahora también hay taxistas de estética y mentalidad nacionalista, pero son callados como erizos y siempre ponen música pop. El gremio lleva una temporada sobresaltado. Hay carreras que duran sólo unos metros. Un cliente se sube en el Prat después de bajar del avión, y diez metros más allá se baja, abona la bajada de bandera y vuelve a la posición inicial. Resulta que la COPE provoca alergias, rechazo, ictericia, picores morales insoportables, síntomas todos de algún tipo de infierno que se transmite por las ondas. Como gesto de buen talante para dar la bienvenida, el taxista, que suele ser gente muy educada, cuando lleva sintonizada la COPE te pregunta: «¿Le molesta?».

Más allá del aeropuerto, un catalán *à la mode* entra en el taxi en la Rambla, vestido con su traje negro, su camisa color vino del Priorato y su corbata de acero y sale atacado por todos los virus de la españolidad. ¡Hay que vestir de otra forma! Pues bien, a bordo de esos vehículos infiltrados llegamos a todos y cada uno de los medios. La primera fue Catalunya Ràdio, donde un locutor estirado quiso impartir a su audiencia unas cuantas clases de periodismo, del tipo de «... yo soy un tipo independiente, y les presento a este que viene de Madrid y es del PP, así que estén atentos que entre todos le vamos a dar una lección de periodismo». Era un fenómeno que había pasado unos cuantos días en el archivo para sacar unas cuantas frases de contexto y ponerlas sobre la mesa para tener tema de conversación. Tengan en cuenta que en Barcelona ser de derechas, aparentarlo, o llevar la etiqueta es como estar en la zona equivocada del Nou Camp en un duelo Barcelona-Real Madrid. Y te lo hacen notar.

Hay excepciones. Algunas muy divertidas. Un pariente de José Antonio Primo de Rivera se presentó una noche a dormir en una célebre institución catalana. La hospedera leyó el nombre en el carnet de identidad, y presa de un ataque de júbilo entusiasta le dejó pernoctar *gratis et amore*. Esto sucedió hace un par de años. La chica era joven, lo suficiente como para tener en el altar de su corazón un lugar para Brad Pitt y otro para José Antonio. En este segundo aspecto vivía una clandestinidad sentimental. La llegada del pariente del fundador de la Falange fue el anuncio de que ya podía salir de las sombras para celebrar su adhesión.

Para alguien que no haya viajado nunca a Cataluña todo esto es difícil de entender. El socialnacionalismo es la ideología dominante, con aspiraciones de convertirse en unánime, de llegar a ser el aire que se respira, de convertirse en un ecosistema donde no puedan vivir ni alimentarse las especies que tienen un código diferente del de las barras rojas y amarillas y del progresismo de moda. Cuando en Barcelona hablas con alguien de la profesión, siempre tienes la sensación de tener frente a ti a un delegado de una oenegé. Y ya sabemos que en las oenegés hay mucha eficacia pero también mucha estafa disfrazada de caridad. Les podría dar una lista de organizaciones que con el salvoconducto moral de no ser gubernamentales se presentan en las catástrofes, vestidos de ángeles de la guarda. Llegan cuando está la televisión y se marchan cuando las cámaras apagan el foco. Han leído a Trucker y saben que si no hay cámaras no llegan las donaciones.

La entrevista fue bilingüe. El locutor preguntaba en catalán, yo respondía en español. Al principio me ofreció con generosidad bajar al mundo de los hispanohablantes. Le contesté que entendía el catalán sin problemas, que había vivido en Cataluña, que había tenido la suerte de tener profesores nacidos en León, o en Soria, o en Navarra que me habían enseñado la lengua catalana, que formaba parte de mi equipaje cultural. Me miró sorprendido. Abrió los ojos y no parpadeó hasta terminar la entrevista. Un fenómeno. En la puerta de salida encontré el premio a mi paciencia: una charla de cuatro minutos con Quim Monzó. También le sorprendió que le conociera, pero reaccionó con humor, satisfacción, y cierta complicidad cuando le dije que había leído casi todos sus libros... en catalán. Hablamos de Letizia, de su visita junto al príncipe a la redacción de *La Vanguardia*, de cómo ella estuvo pendiente en todo momento de lo que fuera a escribir aquella tarde.

A Monzó le habían encargado hacer el contrarreportaje, un género cargado con tinta explosiva. Comprendí a doña Letizia. Hablar con Monzó es como tener enfrente una cámara réflex que hace diez retratos por segundo. Sus tics faciales, las convulsiones de sus párpados, las contracciones y sacudidas de su rostro le dan a uno la sensación de que te está haciendo una tomografía axial computarizada, un tac de color y con relieves para detectar todas las corrientes de tu circulación sanguínea. No son tics, no se equivoquen, es su forma de trabajar. Luego procesa el resultado y lo convierte en artículo. Y detecta hasta la más pequeña de las infecciones y los riesgos de trombosis.

Desayuno con champán

La romería continuó por otra radio pública, donde el escritor, periodista y sobre todo *bon vivant* Joan Barril me hizo pasar un buen rato. De camino, en el taxi, anoté dos pintadas en fachadas de piedra: «COPE, fascistas». Hacía mucho tiempo que no veía este adjetivo ensuciando una pared. La última vez debió de ser cuando la izquierda hacía la vista gorda al terrorismo de ETA y acusaba de practicar el terror a la extrema derecha que por aquel entonces era sólo una cuadrilla de fantoches histriónicos, algunos sí peligrosos, aficionados a llevar un trozo de hierro pegado a los genitales para la hora de echarse encima un rojo. Así llegamos a la emisora. Cuando uno ha contestado veinte veces a las mismas preguntas agradece que le presenten unas cuantas nuevas inquisiciones, y si encima se formulan con buen humor entonces te esponjas y disfrutas.

Barril es un hombre culto e inteligente, y dirige un equipo con una mentalidad abierta. Esgrime un cierto criticismo con el nacionalismo ambiente, pero se limita a demostrarlo tomándose cada mañana una botella de champán: un esteta con un buen hígado. Recuerdo que eran poco más de las ocho de la mañana. Demasiado temprano para una copa. He leído que ahora trabaja por las tardes, también en la radio, y espero que se siga bebiendo su disidencia a la temperatura adecuada de cinco grados sobre cero. Aquella mañana tuve una grata sorpresa. Uno de los redactores de aquel equipo se acercó cuando estaba a punto de marcharme y me pidió que me acercara a su mesa. Llegados al rincón de trabajo sacó un ejemplar de *Días de ruido y furia* y me pidió que le estampara un autógrafo con dedicatoria. Después de Barril llegamos a una tertulia disparatada en RAC1, un programa de humor frenopático. Como llegué pronto, pude contemplar el programa a través de una mampara de cristal. Mi primera impresión es que había caído en una casa de locos con mala leche que me iban a desplumar como un pollo.

No sé si hablé de mi libro, que era mi propósito, pero lo pasé bien. De aquellas caras de palo salieron las voces de Aznar, de Zapatero, de Rajoy, del «corruto» [*sic*] Pepiño, de Woody Allen, y hasta de Ferran Adrià, y su dicción tan desestructurada como su tortilla de patatas. Memorable. También en aquella ocasión pude comprobar cómo se amansan algunas fobias con unas cuantas frases en catalán. Aznar sabía lo que se decía cuando reveló que lo hablaba en la intimidad. El viaje urbano continuó con una entrevista bilingüe en la TV3, donde rieron encantados un estriptis de corbata, me sometieron a una prueba en una ficticia empresa de trabajo temporal, con guante blanco, para terminar la serie con las dos entrevistas más delirantes a las que jamás he asistido.

La primera tuvo lugar en el salón del hotel, por la noche. La segunda, a la mañana siguiente. Entre una y otra pasé una noche interminable de pesadillas. El de la primera era un tal Gutiérrez, obsesionado por la semiótica, capaz de leer un libro contando las veces que se repite una palabra para sacar conclusiones freudianas. Otro fenómeno. Estaba empeñado en establecer paralelismos entre mi persona y la del presidente Aznar. Dos personas que cambian de trabajo, dos libros... ¿y? No terminaban ahí las coincidencias. Con su nariz de fox terrier, Gutiérrez había encontrado algunas palabras como mezquino o mezquindad, que también se encontraban en algunos textos o discursos de Aznar. No supo decirme si se utilizaban para definir a las mismas personas. *Touché*. Luego llegamos a la parte más interesante: el terrorismo como fenómeno informativo. Guardo notas escritas aquella noche de insomnio en la habitación del hotel. El diálogo transcurrió como sigue:

«—Cuando usted era director de Informativos, todo en las noticias parecía girar en torno al terrorismo.

»—Bueno, tenga usted en cuenta que durante esos años hemos visto desfilar a muchas personas metidas en cajas de madera camino del descanso eterno, por la intolerancia homicida de terroristas vascos o islamistas. Hay muchos españoles que viven sin libertad. Hay regiones de España en las que la Constitución es un papel mojado en sangre. El terrorismo es, no en vano, el problema que más preocupa a los españoles.

»—Eso es porque ustedes no hablan de otra cosa, porque pasan mucho tiempo tratando el terrorismo. Se trata de una preocupación inducida.

»—Estoy seguro de que la mayor parte de los españoles no comparten ese juicio que usted hace.

»—¿Cree usted que es legítimo que los informativos incluyan testimonios de víctimas del terrorismo que expresan su dolor inmediatamente después de que sus familiares hayan perdido la vida?

»—Mire, una de las cosas que han cambiado en España es que antes las víctimas no hablaban, enterraban a los suyos en la clandestinidad, las televisiones mostraban unos planos del funeral y después se entretenían con cualquier otra cosa. En dos días el crimen estaba olvidado. Yo nací en Pamplona. Cuando el cadáver ya estaba frío se escuchaba por la calle, en conversaciones de bar, entre vinos, aquello de "algo habrá hecho". Ahora a las víctimas se les reconoce su dignidad, su valor, el valor de seguir viviendo en un lugar del que les quieren echar.

Gutiérrez era un ejemplo vivo, sin pelo y con gafas, de que el terrorismo era un problema de España, no de Cataluña, un asunto de españoles y vascos, una querella más allá de las fronteras de la nación catalana, una vieja querella que se debía resolver entre Madrid y Bilbao. Comprendí entonces que el nacionalismo se construye sobre dosis inhumanas de indiferencia. Al día siguiente tenía cita con un redactor del *Avui*, el periódico que meses después publicó una columna en la que se animaba al linchamiento y la eliminación física de escritores como Azúa, Espada, y otros destacados elementos de la izquierda no nacionalista como Boadella, culpables de ser críticos mordaces del nacionalismo. El botarate sectario que escribió aquella nota tenía un orgulloso pasado entre las filas de los terroristas de Terra Lliure, aquellos aficionados a la tartera de la merienda cargada con explosivo, y al tiro en las piernas. El de *Avui* era un redactor joven, quizá demasiado joven para tener memoria. Su entrevista comenzó mal, muy mal.

»—¿Cómo están sus hijos?

»—Muy bien, gracias, pero creo que esto no es asunto suyo ni de la entrevista, no le veo el interés, a esta hora estarán en la escuela, espero.

»—Ya, pero como a usted le han pasado tantas cosas en los últimos meses…

»—Le repito que hablo de mí, no de mi familia, ése es un ámbito privado, supongo que lo entiende usted. Imagínese que le respondo preguntándole por su madre de usted.

»—Usted estudió en Cataluña durante su juventud.

»—Correcto. Pasé un año en Barcelona y tres en Gerona.

»—¿Y aprendió catalán?

»—Correcto, tuve la suerte de que algunos profesores, leoneses del Bierzo y de La Bañeza, navarros de Bargota y de Cintruénigo, me enseñaran la lengua de Pla.

»—Y eso a usted, que venía de España, y llegaba a una nación con una cultura y un idioma propio. ¿No le provocó ninguna contradicción?

»—(Perplejidad.) En absoluto. No cambié de nación, solo de región o de provincias. Vine de la Navarra foral a la Cataluña franquista. Aprendí catalán, como he aprendido italiano, inglés o francés, sin más contradicciones que las que puede tener un esquimal que aprenda alemán en Dusseldorf, y estoy encantado de entender la lengua, de poder leerla, forma parte de mi patrimonio cultural, con perdón. Pienso lo mismo en español que en italiano, tengo las mismas ideas en francés que en inglés, y si pudiera pensar en catalán estoy seguro de que la cosa no tendría ninguna variación. Veo la vida del mismo color, ya ve, qué le vamos a hacer».

Algunos catalanes utilizan con la lengua el mismo mecanismo perverso de la víctima que manejan los terroristas. Son los verdugos, que con la cabeza cubierta aseguran que ellos son los perseguidos. Así, la lengua catalana que yo aprendí en Cataluña en los años del franquismo (¡fíjense qué marginación!) estaría en peligro de regresión y ulterior extinción si no tuviera una defensa numantina, reforzada por la acción policial y la de un organismo de la Generalitat encargado de la vigilancia de la corrección lingüística, con capacidad para multar a todo aquel que no tenga los rótulos de la tienda y de las ofertas de rebajas correctamente escritos en la lengua catalana. Hoy más bien es al revés, y es el español y quienes lo hablan los que sufren persecución y marginación en Cataluña. Y todo eso es debido a una idea subnormal de lo que supone una lengua, su uso y su aprendizaje. Los ejemplos abundan. El diario *Avui* alimenta a un colaborador apellidado Sostres que ha escrito que el español es «lengua de pobres y horteras, analfabetos y gentes de poco nivel». El ilustrado dice que utiliza nuestra lengua común para hablar con el servicio, con las criadas y con los empleados. No me preocupa que piense esto. Es cierto que hay pobres y horteras que hablan español. También hay pobres que hablan catalán. ¿No están pidiendo más financiación para repartirla entre quienes no alcanzan el llamado umbral de la pobreza en Cataluña? ¿O es para otros motivos? Lo que me inquieta es que este botarate y majadero, un tonto con balcones a la calle, que lo será en cualquier idioma que utilice y en cualquier lengua que practique, tenga un periódico donde escribir.

Tribus, brujos y emboscados

Aquella mañana subí a un avión rumbo a Madrid, agotado. Tengo muchos amigos catalanes. Conozco gentes de muchos ámbitos de la sociedad catalana. En ninguno de esos ambientes ha penetrado el socialnacionalismo tanto como entre los periodistas. Una buena parte de los medios de comunicación están en manos de sectarios izquierdistas, o de convencidos de vivir en el mejor de los mundos posibles, expertos en la navegación a vela, y en mantener los sabrosos privilegios que otorga la administración. En esos ámbitos de terreno abonado ha prendido la falacia estúpida de que una lengua presupone una concepción del mundo, de que no se pueden pensar las mismas cosas en catalán que en español. Nada más lejos de la realidad. Esto lo comprendió muy bien Sabino Arana, padre racista y meapilas acomplejado, al que le daba grima que los maquetos, extremeños o andaluces hablaran el vascuence, lengua que él rebautizó como euskera. La tribu periodística es la principal difusora de una ideología cargada de falsedades, contraria a todo lo que sea español, jaleadora de todos los boicots contra lo que venga de Madrid, animadora de todos los complejos que terminan por echar la culpa de lo que va mal a los favoritismos centralistas. En Cataluña se trata además de un gremio incapaz de mirar con el mínimo espíritu crítico lo que tienen alrededor. Han llegado a habitar en el mejor de los mundos posibles. No conviene tocarlo. Es mejor culpar a Madrid de todos los males y poner bajo las alfombras la suciedad diaria. Mientras tanto los problemas crecen, la deslocalización industrial se agrava, los guetos de la inmigración se refuerzan, y los imames musulmanes no consienten que en sus barrios se tomen decisiones sin consultar con la autoridad, por supuesto religiosa.

La disidencia no existe, y si levanta la voz se le pone el cuño de extrema derecha y queda por tanto anulada en el acto. El remar a la contra que pueda existir en los medios públicos cuando gobierna la derecha, aquí es algo desconocido. Es como si hubieran llegado al estadio más alto de la evolución intelectual. Sólo así se explica que el artículo del *Avui* en el que se convocaba a eliminar a los disidentes haya pasado sin provocar la menor alteración en la superficie del lago, como si no hubiera existido. Por el contrario, el *establishment* catalán es capaz de movilizar al sanedrín del Consejo Audiovisual de Cataluña para examinar las emisiones de la cadena COPE, por si en algunos de sus comentarios se hubiera deslizado algún tono que no fuera constitucional. *El Periódico de Catalunya* lo defiende y argumenta que el Consejo es el órgano encargado de decir si la radio miente o dice la verdad. Deberíamos convocar otro Consejo en Madrid, formado por periodistas independientes, y someter al mismo juicio sumarísimo las páginas enlodadas de manipulación del periódico de Franco, a ver si supera el insuficiente.

A veces uno puede caer en la tentación de pensar que tienen razón, que estamos contaminados de anticatalanismo. No es cierto. Hay algunas voces internas del paraíso catalán que ilustran lo que digo. El 17 de noviembre de 2005 el catedrático de Derecho Constitucional de la Universidad Autónoma de Barcelona, Francesc de Carreras expresaba su perplejidad en un artículo en *La Vanguardia*: «Ante objetivos que se consideran nacionales, como es el caso del nuevo Estatut, la opción mayoritaria de quienes en privado lo critican es el silencio, el prudente silencio o el miedo a decir lo que se piensa, lo cual da la medida del grado de libertad de expresión que domina el mundo intelectual catalán». «Lo que me extraña no es la actitud del mundo intelectual de Madrid, sino de que en Cataluña, cualquier escrito en contra del nuevo Estatut sea sospechoso de reflejar una actitud anticatalana.» Francesc de Carreras se sorprende del silencio, la prudencia y el miedo. La sensación que tienen quienes piensan es que según lo que digan serán considerados enemigos de Cataluña. Está dentro de la lógica de los nacionalismos particularistas. Así los definió Ortega y Gasset en su intervención en Cortes Constituyentes el 13 de mayo de 1932, cuando precisó que en este tipo de nacionalismos existe una tendencia sentimental «que le impulsa a vivir aparte». Así todo el que busca compañía es anticatalán, o facha, o las dos cosas.

Se equivocan. No existe ningún anticatalanismo relevante. Puede ser que algún energúmeno tenga demasiado tiempo como para perderlo en esas tonterías. Existe un antinacionalismo, que no es lo mismo, aunque lo que buscan los nacionalistas es confundirse con la bandera, mimetizarse con la nación. Hay muchos españoles que estamos de acuerdo en que se debe abrir un debate sobre la financiación, porque éste es un asunto de poder y de dinero, más que de términos, campos semánticos, y competencias sobre el buceo y el paisaje. Si uno lee en serio la reforma del estatuto concluye desde las primeras páginas que se trata de un bodrio inconstitucional, una redefinición esencial de España desde la plaza del pueblo. Los prebostes del tripartito evitan hablar de dinero en las entrevistas, pero en el fondo deben reconocer que éste es un asunto de pasta. El único que lo ha reconocido, ha sido Mas. Un día dijo que aquí se trata de que cada uno viva con el dinero que tiene. Supongo que la próxima medida que propondrá será la supresión de los impuestos, y que cada cual se busque la vida. Tampoco me gusta que algunos se vayan de rositas en este debate. Las primeras semanas se extendió en las filas socialistas una epidemia de crisis cardíacas. Tenían el corazón partido. Sobre todo uno de ellos. A ver si saben de quién hablo.

Ha construido un bosque de buenas palabras, de esas intocables por peligro de muerte. Sacudes el término solidaridad y te puedes achicharrar con una descarga de alto voltaje. Esos vocablos solemnes son como las pinturas murales que camuflan los andamios de las fachadas en ruinas. Cuando los leñadores del norte amenazan con acudir a talar su cabaña, se presenta en Madrid, suelta dos tacos en la corte, sacude unas patadas en las espinillas, y vuelve a casa. Allí le aplauden, y hacen sonar sus bastones contra el suelo para demostrar que jalean su verbo de pana y estopa. Sus dentelladas, secas y calientes, distraen al público del circo.

Es un líder populista, siempre agraviado, dispuesto a culpar a los demás, a desenmascarar su egoísmo, su mezquindad pequeñoburguesa. «Robinjud» siempre está dispuesto a poner en ridículo a los señores feudales. Muerde tan fuerte que nadie se atreve a recordarle que el setenta (el 70) por ciento de la renta de su comunidad proviene del exterior. Otros han hecho sus deberes y pueden mostrar una tarjeta de resultados más o menos presentable. Hace unos años organizó una enorme burocracia para animar ideas de desarrollo para su comunidad. Mucho tiempo después parieron dos: un hotel de la risa, y un canódromo para aprovechar la energía de los galgos y su zancada de secano. Gasta en tele como los demás, y en propaganda y publicidad como todos: una media de tres millones de las antiguas pesetas, cada día.

Sentado en su trono de falacias, su gran mérito es el de mixtificar la realidad para cobrar una deuda que no tiene fecha de caducidad. Él recauda, y reparte los fondos entre su clientela. Es su forma de perseverar en el poder. Producen tres y gastan diez. Las siete que faltan llegan de otras comunidades. Uno de los grandes errores de la propuesta de reforma del estatuto catalán es el de impedir un debate serio y sereno sobre esta realidad de la economía regional española.

Es comprensible que a algunos empresarios y contribuyentes del Norte se les haya acabado la paciencia, que estén hartos de subvencionar servicios sociales mejores que los que disfrutan en su propio territorio. El disparate estriba en envolverse en la bandera para hablar de estas cosas, porque la misma tela señera sirve para cubrir las vergüenzas del emboscado: Rodríguez Ibarra.

Corrupción entre tumbas

Sólo en este ambiente de asfixia, en el que la crítica se ahoga en una lluvia de acusaciones de anticatalanismo, se puede comprender la enorme tolerancia y benevolencia con la que se trató en los medios la actuación de los responsables municipales en el hundimiento del barrio del Carmelo, o el silencio periodístico que siguió a uno de los momentos cumbre de la legislatura catalana, cuando el propio presidente Maragall, después de una pesada comida, dejó en la cámara la denuncia de que CiU había cobrado comisiones del tres por ciento en las obras públicas. A todos nos pareció que el tres era poco. A Mas también, y quizá por eso se sintió ofendido y amenazó con romper la baraja parlamentaria. Fueron dos días de ruido en los periódicos y se acabó.

La clase política, la misma casta que lleva gobernando Cataluña desde hace décadas, decidió arrojar los escombros del Carmelo sobre aquella declaración escandalosa, conscientes de que si levantaban la alfombra que había tocado Maragall se podía desencadenar un vendaval similar al que terminó en Italia con toda la vieja nomenclatura que había gobernado el país desde el final de la Segunda Guerra Mundial. Mas sabía de qué hablaba Maragall cuando le mentó el tamaño porcentual de su intimidad. Para entonces los juzgados catalanes habían escuchado historias mucho más atractivas, detalles mucho más suculentos, adornados con una imaginación entre surrealista y macabra.

Los recaudadores son gentes creativas. No sólo imaginan formas nuevas de obtener dinero, sino también formas excéntricas de pagar. Uno de ellos citaba a sus víctimas en los cementerios. Hasta entonces las comisiones se pagaban en garajes o en gasolineras: un maletín que cambia de coche, o un automóvil que cambia de conductor, *samsonites* cargadas de dinero en billetes nuevos, pero los garajes están infectados de cámaras de vigilancia, y de ojos de seguridad que lo ven todo, y lo registran todo. Nuestro genio ideó el pago en el cementerio. El empresario que quería agarrar un contrato de la Administración recibía las señas del muerto, la calle del cementerio, la inscripción y la textura de la lápida. El postulante para el negocio tenía que acercarse al domicilio eterno y depositar, entre las flores marchitas, un bolso con la pasta. No hay testigos, no existen cámaras, nadie vigila a los muertos porque no hay nada que llevarse de un camposanto. Minutos después el recaudador pasaba junto a la lápida y recogía la mordida, sin riesgos. Fue el precedente de esa costumbre de echarles toda la culpa de los delitos a los difuntos. La fórmula es ingeniosa, y tiene grandes posibilidades de juego. Un día puedes quedar sobre la lápida de un escritor tripero; otro puedes elegir la tumba de un empresario contribuyente de la causa, por intentar marcar una continuidad tradicional; puedes profanar la memoria de un padre de la patria con tu tráfico de comisiones, y si tienes una buena racha de negocios puedes hacer cómplices a todos los difuntos del camposanto, que al fin y al cabo se trata de financiar el futuro nacional de nuestra nación de naciones, tumba de tumbas, memoria de memorias, cementerio de cementerios, y basurero de basureros, cien veces cien. Lo hacemos por ellos, por los muertos, y por los que morirán, para que se vayan tranquilos porque nuestra obra continuará, financiada sobre el calcio de sus restos.

Sant Jordi y el dragón de Marx

Cuando tres meses después de aquel viaje pasé por Barcelona para firmar libros en Sant Jordi, intuía lo que me iba a encontrar. La jornada transcurrió entre el vértigo de las firmas, sorprendido por la toma de la ciudad por cientos de miles de personas que llevaban bolsas con libros como si fuesen lechugas, por el tono cívico de la fiesta del libro y de la rosa. Sólo hubo una sombra. El primer puesto fue una librería de Balmes, un curioso lugar, un local organizado como un laberinto de libros por el que se movía una mujer exuberante, un manojo de voces y aspavientos, una de esas señoras que desde que te conocen no te dejan colocar una palabra, y que cuando te despiden te dicen lo poco que hablas. Había tenido una belleza rubia y rotunda, traspasada a su hija, una joven callada y discreta que manejaba las teclas de una vieja caja registradora.

La dueña de aquel local aseguraba haber sido el factor primero y principal del éxito de Carlos Ruiz Zafón y *La sombra del viento*. Ahora bramaba contra el autor, y para demostrar su enfado, había colocado en la puerta de la librería un letrero luminoso de unos diez metros de largo en el que se podía leer en grandes letras eléctricas la siguiente advertencia: «Nosotros descubrimos a Ruiz Zafón, y ahora nos desprecia, y sólo va a firmar libros a las grandes superficies». Estaba claro que había que llevarse bien con aquella mujer que exhibía entre sus poderes los de hundir o encumbrar a cualquier autor a capricho. Así que me mantuve lejos de su hija. En aquel puesto de frontera me abordó un joven estudiante de periodismo. Vestía como un guerrillero de Sierra Maestra: pantalón militar y chaleco de cazador. Desentonaban una camisa de marca y unas gafas de diseño. Me preguntó si me podía seguir durante el día para hacer un reportaje de mi jornada. No tuve inconveniente. En uno de los puestos, tuvimos unos minutos para hablar de *Días de ruido y furia*. Me preguntó sobre la formación de los periodistas en las universidades. Me mostré crítico. Me preguntó por Karl Marx. Le contesté que su pensamiento era una elaboración de biblioteca de un hombre que desconocía la realidad, un pensamiento desfasado, construido sobre muchas cifras y datos falsos, y superado por la propia realidad criminal que había provocado. Me contestó que en Cataluña el tema que con más frecuencia se repetía en los exámenes de selectividad era precisamente el marxismo. Fue como una revelación, como el hallazgo de una pieza clave en una arquitectura compleja.

Mi primer Sant Jordi fue una fiesta. Barcelona estaba espléndida. Si no han vivido ninguno, se lo recomiendo. El día amaneció soleado, con esa humedad grasa de las ciudades de la costa mediterránea, y un aire fresco, ligero, nuevo. Los barceloneses se echan a la calle en una jornada que está dominada por el libro que invade calles y avenidas. No he conocido nada igual. A media mañana se ven gentes, familias enteras, que vuelven a casa cargados de libros como si fueran lechugas o ropa de Zara. Firmé muchos libros. Mi editora estaba gratamente sorprendida. En algunos puestos el resto de los autores me miraba con recelo y desconfianza. La ociosidad produce monstruos. Pero yo venía curado de cualquier tentación de euforia después de ver la fila interminable de los aspiraban a unas letras y la firma de Carlos Ruiz Zafón. Inigualable. La tarde transcurrió en puestos de los barrios que flanquean la Diagonal. Entre uno y otro paseaba acompañado por una rubia alta y guapa. Es el mejor servicio de escolta. Cuando te ven con una mujer así, nadie se mete contigo. Si acaso te maldicen, retorcidos de la envidia.

Aunque la imagen que se suele tener es diferente, Cataluña es hoy un territorio más hostil y erizado que el País Vasco. Bajo el manto del *seny* han crecido los virus de la intolerancia. La unanimidad tiende a rechazar los cuerpos extraños. En el norte bizcaitarra las cosas están más repartidas, al menos en el tiempo que acota este texto, en el que ya se escuchan los cantos de sirena con los que los López quieren atraer a los sicarios de la mafia terrorista, lo que presupone desequilibrios arriesgados en el futuro inmediato, y nuevas trampas en las que los socialistas volverán a caer por una búsqueda ciega de una paz sin libertad. Ya han puesto sobre la mesa la cuestión de la entrega de Navarra, y miran con indiferencia el infierno de las víctimas, que ese sí que es un infierno de verdad, un Averno extremo, como el de

Pilar Elías, condenada por una sociedad moralmente corrupta a tener que soportar como vecino al pistolero que asesinó a su marido. La sociedad vasca tiene el tono de algunas obras de Thomas De Quincey, maestro de la ironía. En especial *Del asesinato considerado como una de las Bellas Artes*. Los hechos insólitos que se dan en las Vascongadas me recuerdan siempre aquella afirmación de De Quincey: «Si uno empieza por permitirse un asesinato pronto no le da importancia a robar, del robo pasa a la bebida y a la inobservancia del día del Señor, y se acaba por faltar a la buena educación y por dejar las cosas para el día siguiente. Una vez que empieza uno a deslizarse por la pendiente ya no sabe dónde podrá detenerse. La ruina de muchos empezó con un pequeño asesinato al que no dieron importancia en su momento».

En estos territorios que no fueron romanizados conviene no dejarse llevar siempre por las apariencias. Nos ocurrió una noche. Acudíamos a la Sociedad Filarmónica donde debía pronunciar una conferencia invitado por Fernando García de Cortázar. Al llegar a la calle, desde cien metros de distancia, vimos que la puerta estaba ocupaba por un grupo de jóvenes con el pelo cortado como si hubieran utilizado un hacha, camisetas con manchas rojas y negras, y ferretería de distinto calibre en las orejas. Los dos policías nacionales que acompañan a Fernando a todas las horas del día y de la noche erizaron el lomo como si fueran gatos ante un charco de agua. Nos preparamos para lo peor. El grupo nos miraba mientras avanzábamos hacia la puerta, y al llegar a su altura... nos pidieron autógrafos y fotos como si se hubiera tratado de una broma organizada por amigos. No se fíen del aspecto. Vivimos en un país infernal en el que muchas personas, para evitarse problemas, para eludir el ruido, la furia y la ira, viven disfrazadas.

VIAJE CON CARRERO BLANCO

El telón se volvió a levantar una mañana, en el AVE, camino de Sevilla. Mientras Zapatero, Maragall y Carod amenazaban con dejar a España como un plato repleto de los restos de un banquete de marisco, me ocurrió uno de los encuentros más insólitos que haya sufrido en un tren. El ataque iba a llegar ahora desde el otro lado de lo que se llama el espectro político, desde otra España que no tiene nada que ver con esa anterior de Cataluña. Viajaba acompañado por mi amigo Raffaele Giannattasio, un napolitano (el diría salernitano porque nació a la sombra de los limoneros de Salerno con los que su madre hace un sublime *limoncello*) dotado de ese ingenio optimista y vital que tienen los italianos del sur. Raffaele es abogado, y habla con el gusto por la oratoria que tienen estos italianos, hijos de un país que admira a las personas que hablan bien, y que educa a sus jóvenes, desde la primera escuela, en el arte de argumentar y replicar. Llegamos al tren temprano. Al poco de sentarnos se presentó en los asientos del otro lado un matrimonio que se instaló uno frente al otro con un estruendo de maletas y pulseras. Frente a nosotros una pareja con aspecto de indios desplegó novelas de bolsillo. Íbamos charlando, ya entrados en las llanuras de La Mancha, cuando un móvil sonó al otro lado del pasillo. No era un tono cualquiera. La señal de llamada de aquel aparato era el himno nacional. La señora tardó en contestar: abrió el bolso, escudriñó la pantalla exterior del teléfono por ver quién era, manejó con torpeza la bisagra del móvil, y después de recrearse en la melodía respondió.

—Hola, ¡no te vas a creer con quién estoy en el AVE!

—[...]

—¡Voy con Urdaci, y ahora en cuanto cuelgue le voy a decir cuatro cosas!

Raffaele sonrió mientras el indio seguía impasible la línea del horizonte de los antiguos feudos de Bono. Yo me quedé de piedra y empecé a temer una avalancha de quejas. Cuando la ilustre señora terminó de hablar por el móvil, con el mismo tono de voz que usaría en su casa, puso la mano en el hombro del napolitano y le dijo:

—Dile a tu amigo que luego voy a hablar con él, y que me va a oír.

El marido, con el aspecto redondo de un Sancho, sonreía con gesto cómplice. El viaje se adentraba de nuevo en un terreno delirante. Antes de que nuestra anónima amiga se lanzara en picado sobre nosotros el indio despertó de su ensimismamiento. No hablaba ni jota de español y en un inglés muy claro y comprensible, un inglés de esos que pronuncian todas las letras y que para los que siempre seremos estudiantes de esa lengua nos resulta muy comprensible, nos preguntó cómo se decía *meat* en español. Mi inglés de acento precario siempre se ha medido muy bien con indios, nigerianos y surafricanos, gentes de la periferia del imperio que mastican las sílabas como si fueran de Almendralejo. Pensé por un momento que pretendía ponerse tibio de chuletones, pero resultó lo contrario. El indio y su mujer eran vegetarianos, quizá jainitas, de esos que se ponen un velo en la boca para no disturbar el aire y caminan con cuidado de no pisar una hormiga para no cargar su karma con el saldo negativo por haber eliminado a un ser vivo. Saqué un papel y le escribí todas las variedades de carne con la que se iba a enfrentar en su viaje por el Sur.

Cuando terminé con las vacas, las terneras, los pollos y el conejo, me pidió que le tradujera la palabra inglesa *fish*. Aquello se ponía grave. Se puede viajar por España sin comer carne, pero no alimentarse ni de carne ni de pescado es harto difícil. Terminados los *fish* de la costa sureña y sus variedades léxicas, desde la lecha a la japuta, me preguntó por la leche y los huevos. Le puse mi teléfono por si terminaba en urgencias de algún hospital por inanición. El indio y señora contaron que eran de Bombay y estaban de viaje por Europa. También el viaje me resultaba incomprensible: habían comenzado en Austria, para seguir después por Alemania, Suiza, Francia y por último España.

La ruta de los vegetarianos. No sé por qué extraña razón habían evitado Italia, donde la pasta da grandes posibilidades a los vegetarianos. Cuando en honor de mi querido Raffaele les dije que tenían que ir a Italia, para ver Verona, Venecia, Florencia, Roma, Nápoles y Sicilia, el indio sólo supo decir «Don Corleone». El napolitano torció la boca, la india me miró espantada, y su marido me dijo en inglés, que no tenía ninguna intención de darse una vuelta por semejante tierra. La tensión se podía cortar, pero el indio seguía a su aire, como si no hubiera dicho nada. La prohibición vegetariana también incluía aquel tipo de carne. *Meat is murder* cantaban The Smiths hace algunos años. Aquel viaje era tan extraño y en condiciones tan anormales que intuí que se trataba de dos condenados buscando la salida del infierno en condiciones mucho más precarias y difíciles que las mías. Espero que algún día utilicen el número incluido en aquella lista antimenú y al menos dejen un mensaje diciendo que han encontrado la puerta de acceso a la luz.

La fuga de la india camino del baño, o quizá de la cafetería para huir del rígor mortis de aquel marido integrista fue aprovechada por la anciana del móvil nacional. Ágil como una pantera con artrosis, ocupó el asiento, y me dio una mano ajada y sarmentosa en cuya muñeca lucía una pulsera con los colores de la bandera nacional.

—Loluca, soy Loluca, la puedes comprar en Córdoba o en Sevilla, en la calle Sierpes, si quieres te doy la dirección —dijo señalado con uno de sus dedos la pulsera—. ¿Cuándo vais a hacer algo?

—¿Algo de qué, señora?

—Algo con esto que está pasando, van a cargarse a España, yo soy hija de un oficial de artillería, y por tanto soy artillera, y esto no puede quedar así, el ejército está que trina, y la Guardia Civil más.

—Bueno, habrá que tomárselo con calma.

—De eso nada, hay que hacer algo ya.

—Creo que exagera, señora.

—Tutéame, que me sienta muy bien.

María Dolores, más conocida como Loluca, peregrinaba todos los años a la villa de Santoña, en Cantabria, junto a la ría del Asón, y a orillas del mar de la bahía de Laredo. El lugar es célebre por su penal, donde consumó sus últimos días Rafi Escobedo, y por ser el escenario, durante la Guerra Civil, de un pacto que supuso la gran traición del PNV a sus socios republicanos.

—Zantoña —dijo Raffaele, con un marcado acento italiano, incapaz de pronunciar la sutileza de las eses. Sus ojos brillaban de gula—. Allí hay unaz estupendaz anchoaz.

—¡Qué anchoas ni qué niño muerto! —Las pulseras se agitaban al ritmo de los aspavientos de su mano como un cornetín de artillería—. ¡Yo voy a Santoña a rezar a un héroe de España, al almirante Carrero Blanco, no sea usted borrico!

—Perdone uzted, zeñora.

—Este año volví, y cuando estaba recogida en oración ante el monumento al hijo predilecto de la villa se acercaron unos jóvenes que hablaron con desprecio. Uno no sabía quién había sido Carrero, y el otro le dijo entre risas que le habían puesto una bomba y le habían hecho volar sobre los tejados de Madrid. ¡Qué falta de respeto! Les llamé la atención, les expliqué que estaban ante un héroe nacional y terminaron por pedirme perdón.

Raffaele no volvió a abrir la boca. Aquella mujer sería incapaz de comprender la mentalidad de los napolitanos que les ha permitido sobrevivir a tantas guerras: antes la panza que las convicciones, con las ideas no se come. Raffaele es hijo de aquella generación que se rifaba los soldados americanos que invadieron el sur de Italia. Los acogían en sus casas porque era la forma más segura de tener huevos para comer, cigarrillos para fumar y comerciar, y chicle para engañar el hambre. Loluca era otra cosa, su mente estaba formada en el castro familiar de los artilleros, gentes cuya misión es poner la bala donde ponen el ojo y respirar el humo vitamínico de la pólvora quemada. La mujer desplegó su abanico de improperios contra el gobierno, y advirtió que las señoronas como ella y sus amigas, todas maestrantes de Sevilla, nunca darían tratamiento de alteza real a doña Letizia, esa plebeya divorciada casada con el príncipe de Asturias. Loluca era pariente del duque de Ahumada, fundador de la Guardia Civil, y en casa de uno de sus tíos se guardaba como un tesoro el sable de aquel aristócrata que puso orden de tricornio en los caminos de España. Llegamos a Sevilla y Loluca se despidió con una nueva soflama en la que nos invitaba, a mí y al pobre Raffaele, a hacer algo para aliviar la aflicción de la patria y librar a España del gobierno traidor de Zapatero y sus ministras. Irónico y gentil, el italiano fue capaz de esbozar un piropo antes de que Loluca se alejara:

—Ezta zeñora tuvo que zer muy guapa de joven.

—Seguro, hace ya mucho mucho tiempo, como en los cuentos.

—Por cierto, Alfredo, ¿quién era eze Carrero?

Aquella noche conté el suceso en casa de unos amigos, que rieron divertidos ante el retrato de la excéntrica señora. Fui dando detalles, y construyendo con pinceladas gruesas el retrato de un personaje que poco a poco fue adquiriendo vida, mientras en el rostro de uno de mis compañeros de noche iba creciendo el desconcierto. En un momento de la charla saqué del bolsillo la tarjeta que me había dejado con su nombre, el de su marido, y su dirección y teléfono. Al leer los apellidos y la dirección, el que estaba sentado a mi lado dio un salto y se puso de pie mientras el color sano se evaporaba de su rostro.

—¡Loluca, tía Loluca, no puede ser!

—¿La conoces?

—¡Es la hermana de mi suegra!

Así supe que la tía Loluca pertenecía a una familia de tradición militar en la que no sólo el padre sino hermanos y tíos habían pasado por el cuerpo de artilleros, un clan enardecido por los símbolos de la patria, el himno, la bandera, las insignias, las medallas, y las tradiciones más arcaicas. Eran una familia ansiosa de actividad. Vivían en un gran caserón junto a un loro chillón que al grito de «¡Artillero, viva España!» contestaba: «¡Rojo, cabrón!».

No fue el único encuentro con los extremos. Meses después, en la inauguración de un bar en la Castellana de Madrid, me abordó un hombre de unos cuarenta años, bien vestido y con una afición muy moderada al alcohol. Los últimos sucesos y la deriva de la nación, acosada por fuerzas centrífugas, le habían hecho despertar de su letargo de más de veinte años. Había rescatado del desván su camisa azul de falangista, y una bandera con el águila de san Juan. Estaba dispuesto al sacrificio, a la pelea, que es ese tic romántico que tienen algunos con cuatro cañas en la tripa y un poco de mala leche en el pecho. Creo que se sentía solo y buscaba compañía. No tuvo suerte. Rodríguez había conseguido despertar a las fieras, y ése era uno de sus objetivos más oscuros y siniestros. Carlos era un falangista puro.

—Nunca he votado al Partido Popular, yo soy un facha —decía—. Éstos me van a obligar a hacerlo, y arrastraré durante toda la vida esa mancha indeleble, esa vergüenza imborrable.

Otro Alfredo, por sorpresa

No fue el único suceso ocurrido en los vagones del tren de alta velocidad. La cortina se eleva de nuevo una mañana camino de Sevilla a bordo del Ave, ese tren que se diferencia del avión en que todos hablan por los teléfonos celulares y a gritos. Así uno se entera de que el vecino de al lado es ingeniero, el del asiento 4B da órdenes a subalternos inútiles, a los que fustiga desde el móvil como para que todo el vagón sepa de su carácter, de su capacidad ejecutiva, de los presupuestos que maneja, de lo bien que ha vendido en Madrid o en Sevilla el catálogo de la temporada. Muchos despidos tienen como escenario la alta velocidad. El AVE acelera la vida empresarial y engrasa la economía. El tono de las conversaciones intenta emular la celeridad vertiginosa de esos trenes de vuelo bajo. Los viajes son también lugares de encuentros insólitos, diría incluso que providenciales. Uno a veces siente la mano invisible que gobierna el azar, su roce, como una caricia en la frente, un soplo de bienestar, o un viento gélido que te acartona la piel. ¿No me creen? Escuchen.

Aquella mañana subí al tren, me instalé en la fila de los aislados, a la izquierda del vagón, fila de a uno, la de los condenados a la privanza de una compañía aleatoria. Abrí el ordenador y me puse a trabajar. Al otro lado del pasillo, cuatro hombres, más allá de los cincuenta, vestidos con trajes grises y corbatas azules tomaron asiento y conforme el tren iba saliendo de Atocha, enhebraron una larga conversación sobre planos, edificios, proyectos, alturas, grandes almacenes, presupuestos, calidades, plazos de entrega. A los cinco minutos el grupo encajó en el sector de las empresas de ingeniería dedicadas a la obra civil. El viaje continuaba. El día era soleado. Se repitió el ritual del reparto de periódicos. Luego fueron cayendo las toallitas calientes para limpiarse la tinta con la que se escriben las grandes catástrofes, papeles que abrasan y que algunos utilizan como si tuvieran que limpiarse la sangre después de un crimen. Llegó el desayuno. Poco después del café, uno de los cuatro ingenieros, sentado junto al pasillo, mirando en dirección contraria a la mía, sacó el teléfono. Llamó y esperó que en algún punto de España alguien abriera su móvil. Tardó unos segundos. Luego cogió aire y gritó:

—Hola, soy Alfredo Caffarel, ¿cómo estás?

Mis ojos se clavaron en la pantalla del ordenador. No era posible. Caffarel no es un apellido muy corriente. Y además se llamaba Alfredo. Era como una intersección equivocada, un espejo de óptica invertida, un pliegue de la realidad, un capricho, un juego. La conversación continuó. Alfredo, el otro Alfredo, pedía los últimos detalles de un proyecto que iban a discutir con un empresario de grandes almacenes. Yo entraba en mi pantalla como un ser hipnotizado, a través de un embudo, abducido. Dejé pasar unos minutos. El móvil se cerró. Siguieron con su conversación. Ahora hablaban de caza, de fútbol, de coches, de nada. Me relajé en mi asiento. Estiré las piernas. Las crucé. Miré por la ventana, al techo, a las azafatas, a la pantalla de televisión. Le miré. ¡Era igual que ella! El mismo rostro, con barba. No era posible. El tren volaba. Yo también. Veinte minutos antes de llegar a Córdoba el que estaba a mi lado, un hombre que hablaba suave, con acento portugués, se volvió hacia mí. La fiesta iba a empezar. *Días de ruido y furia* llevaba semanas en las librerías, y en él se hacía un retrato de Caffarel como la chica de los recados de la izquierda más sectaria, una directora aficionada a visitar las secciones de peluquería y maquillaje, responsable de algunas de las decisiones de programación más erráticas e insólitas de la historia de la televisión. La prensa había publicado párrafos escogidos, los más duros. Algunos llevaban el apellido Caffarel. De aquellas efes, como si fueran perchas de despacho para dejar los abrigos, colgaban términos como prevaricación, traición, indefensión de la empresa, incapacidad, sectarismo. No sé en qué círculo del infierno estaba, pero intuía que ésta era otra prueba. Me volví hacia el portugués. Era un hombre de rasgos angulosos. Su mirada era dura, su voz no.

—¿Es usted Urdaci?

—Sin duda.

—¡Nos daría mucha tranquilidad que volviera usted a contar las noticias!

Debí poner una cara de desconcierto, porque es así como me sentí. Debió de ser muy parecida a la que tenía una noche en Tegucigalpa, cuando el cardenal Madariaga me dijo que había seguido la guerra de Irak en Televisión Española porque de todas las cadenas a las que tenía acceso (eran muchas) había sido la más objetiva en el reflejo del conflicto. Le invité a decir lo mismo en España y en cualquiera de los programas de tertulia, entrevistas y debate que tenía abiertos la casa por aquella época, pero el purpurado tenía un viaje a Estados Unidos y a Alemania, para pedir fondos a los ricos para la Iglesia de los pobres. El AVE seguía volando hacia Sevilla y yo seguía perplejo. Los ingenieros son gentes acostumbradas a las reacciones de extrañeza de su público, así que no hicieron caso de mis dudas. Se presentaron. Soy fulano de tal, soy fulano de tal, y yo fulano de tal. Y llegó su turno, y con su voz la sorpresa:

—Yo soy Alfredo Caffarel, hermano de Carmen Caffarel, encantado de conocerle, señor Urdaci.

De nuevo mi perplejidad, esta vez aumentada y adornada con una sonrisa de talante indefinido y buena educación.

—Igualmente. ¡Qué coincidencia!

—Sepa usted que no todos los hermanos somos como ella.

El tren volaba, yo también. Me sentí ligero, todavía inquieto, y escéptico. Aquello sonaba a trampa, marca Acme. ¡Hay que ver lo desconfiados que nos volvemos en situaciones de acoso y persecución! En otro tiempo hubiera disfrutado de aquella afirmación veraz con la inocencia de un niño al que le detallan la peripecia nocturna de la caravana de los Reyes Magos. Pero el juicio de un hermano es algo muy serio, y me sentí en la obligación de suavizar aquella aseveración tan radical.

—Bueno, ya sabe —le dije— en las familias hay de todo. Recuerde lo que decía Tolstoi en *Anna Karenina*: «Todas las familias dichosas se parecen, y las desgraciadas lo son cada una a su manera». —Fue un intento de desviar la conservación hacia la literatura. No funcionó. Pronto comprendí que Caffarel, que jugaba con la ventaja de conocerme «de la tele» había estado meditando su figuración con frase durante buena parte del viaje.

—Si mi padre saliera de la tumba volvería a morir del mismo mal que le llevó a la muerte. Mi hermana no es de izquierdas, está a la izquierda de la izquierda. Yo mismo le dije que no aceptara el cargo. Me llamó cuando se lo propusieron. Le dije que no tenía ni idea de gestión, que no aceptara. Y cada día me demuestra que no estaba equivocado. Mi hermana va a hundir esa empresa.

A estas alturas del viaje todo el vagón había apagado los móviles, y estiraba las orejas hasta acariciar las barras de la rejilla de equipajes y captar hasta el último detalle del monólogo de aquella voz de barítono que hablaba desinhibida como si estuviera en el salón de su casa. Ningún culebrón sería capaz de imaginar un encuentro con más chispa, un pretexto de curiosidad más excitante.

—Las cenas de Navidad con ella son un infierno. En fin. Que sepa usted que siento mucho lo que le han hecho en esa casa.

—Bueno, no se moleste, para mí ha sido una liberación. A veces la vida nos pone en lados diferentes. Estas cosas son una oportunidad, más que una calamidad. No tengo nada personal contra su hermana.

—Mi padre habría sufrido mucho con ella.

El tren llegaba a Córdoba. Los cuatro bajaron sus maletines. Los cuatro volvieron a saludar.

—Que tenga usted suerte.

—Lo mismo digo, hasta pronto.

De Córdoba a Sevilla el resto del viaje transcurrió en silencio. Un tibio sol de febrero templaba mi rodilla. La estuve contemplando un rato largo, mientras desde ese foco se irradiaba a todo mi cuerpo una dulce corriente de bienestar. Fue uno de los primeros indicios de la proximidad del purgatorio. En el tren sonaba «Romance in Durango» de Bob Dylan.

7
La reinvención

¡Qué gran diversidad, qué variedad de nombres! ¡Qué envidia me daba aquello! Un genio como Hölderlin podía despilfarrar en nombres. Me levanté de la cama y seguí llorando. Qué vergüenza, qué horror, qué tristeza. Yo, en cambio, sólo era el doctor Pasavento.

ENRIQUE VILA-MATAS,
Doctor Pasavento

La vida ofrece una gran cantidad de oportunidades para reinventarse. Cuando uno cae en el infierno quiere decir que una parte de nosotros ha muerto, sólo una parte, y que otras pueden nacer. Se trata de buscar, de tener recursos, claro. Si uno ha estudiado poco en la primera parte de la vida lo tiene más difícil, y tiene que vender lotería por las redacciones, que es una cosa rentable porque en su mentalidad morbosa el español relaciona la suerte y la fortuna con la desgracia. Se inundan los Monegros y los loteros corren al primer club de carretera de la comarca para comprar toda la lotería disponible. La instrucción es muy útil. Si no sabes tocar el saxofón no te puedes ir al metro a recoger unas monedas. Sin embargo, si has estudiado filosofía te puedes consolar con los estoicos, y repasar a Carl Schmitt antes de preparar el ataque contra tus enemigos. Cela decía que el que resiste gana. Él pasó la vida inventando personajes y sacando partido de cada uno de ellos. El final de sus días fue una confusión de caracteres, como sus novelas, tan abarrotadas de gentes y de historias, tan corales. Reinventarse no es lo mismo que resucitar. Hay algunos que insisten en hacer lo mismo, no cambiar de actividad ni de papeles. Éstos están condenados al fracaso. Resucitado es por ejemplo Pepe Navarro, sacado del arcón congelador para inyectar sangre y otros fluidos en el horario nocturno de La Primera, y muerto otra vez en el altar de la televisión. A éste se le podría decir lo que a aquel moribundo en la película: «¡A ti lo que te pasa es que estás mal matado!». Lo es también el espía Paesa, que reapareció en Montparnasse, barrio chic de París, lleno de intelectuales y señoras con perro y *spleen*. A Paesa lo encontró mi amigo Manuel Cerdán, sabueso de prensa, y le dijo que no le hiciera fotos, que le iba a arruinar unos negocios que tenía entre manos. Cerdán le hizo fotos y le sacó, viejo y encanecido, entre las jamonas embadurnadas de aceite que son el pasto fundamental de su revista. Paesa le podía haber dicho lo que Antonio Gala a Pepe Navarro durante una entrevista en directo en su programa: «¿Qué hago yo aquí entre una violación y una lección de masturbación?».

Algunas reinvenciones son célebres. Por ejemplo, Ignacio de Loyola fundó una compañía que todavía sigue trabajando en todo el mundo, y lo hizo después de haber fracasado como militar y como estudiante. El vasco fue capaz de crear una empresa que lleva cinco siglos dedicada a la enseñanza, a la investigación y sobre todo a Dios. Cuando se le ocurrió la idea había transcurrido más de la mitad de su vida: tenía cuarenta y cinco años, en una época en la que la esperanza de vida no abarcaba mucho más. Loyola tuvo una iluminación en las llanuras de Manresa, junto al río Cardoner, y aquella luz le cegó tanto que entendió que su destino estaba en Jerusalén, donde debía buscar una orientación definitiva para su vida. Años después, en 1540, organizó en Roma, junto a un grupo de amigos, una compañía que no tenía ni capital ni plan de negocio. Hoy siguen trabajando en todo el mundo.

La historia de la literatura está plagada de personajes y de autores que han reconstruido su vida. Don Quijote se reinventó a partir de los libros de caballería. Ulises dejó las armas para hacerse marinero y llevar a los suyos de vuelta a casa. *Las mil y una noches* están llenas de identidades secretas y mágicas transformaciones. Kafka se reinventaba todas las tardes después de dejar la oficina y a su novia Milena. Uno de los más sorprendentes ha sido Joseph Conrad. En la mitad de su vida abandonó el polaco y se puso a escribir en inglés, cambió de lengua, de vida y de oficio. Algunas de las criaturas de sus novelas son seres que buscan una segunda oportunidad, atrapados por el fantasma de un primer fracaso, como lord Jim. Sus historias giran en torno a momentos críticos en los que se decide el hundimiento de toda una vida.

Pero muchas veces la reconstrucción de un personaje no se hace a partir de las piezas rotas de otro anterior, sino de materiales que están en algún lugar de su ser pero no han aflorado. En ese caso no existe rastro de una vida pasada o de una configuración diferente de la que vemos. Éstas son las mejores, las reinvenciones a las que aspiran todos, en especial aquellos que tienen algún interés en borrar las marcas de otro tiempo. Son como los replicantes. Tienen el mismo aspecto que la suma de sus piezas, pero su programación, su configuración y sus sistemas son nuevos.

Los hay que no han pasado por el trance de una visión religiosa de la existencia, y ni siquiera han tenido un tránsito literario. Son célebres por ejemplo las reinvenciones de Juan Luis Cebrián, que después de ser director de Informativos de Televisión Española en tiempos del general Franco, después de jurar los Principios Fundamentales del Movimiento y escribir unas pocas y mediocres novelas se ha convertido en el ideólogo del federalismo y en académico de la lengua. Janli ha estado siempre en el poder, con la autoridad franquista, con la democrática, con la *potestas* de la lengua, o con el poder fáctico del padrino Polanco. Es una pena que no se hayan encontrado fotos, en este país que lo guarda todo y que sólo tira a la basura lo que sobra y es inútil. En los archivos oficiales y en la documentación de RTVE no existe imagen ni recuerdo de aquel día fundamental para nuestra democracia, el día en que Cebrián comenzó su tiempo de sacrificio para después del calvario resucitar como arcángel de un tiempo nuevo.

Hay personas que pasan media vida buscando el rastro que han dejado en la primera mitad, para destruirlo. Son mezquinos y huraños. No quieren compartir con los demás aquellos momentos, el disfraz de las correas, el escudo con el yugo y las flechas, el instante inmortal en el que juraron por Dios y por España. Estamos dispuestos a perdonarlo todo, incluso la delación, que fue abolida por las Cortes de Cádiz. Hoy puede entrar en el catálogo de pecados ya intrascendentes, o incluso rehabilitados como virtud por la Generalitat catalana que premia a quienes denuncian el mal uso o el desuso de la lengua, la catalana, claro. La delación vuelve a tener buena prensa, y sobre todo utilidad social que es una razón que lo puede justificar casi todo. Ya lo intentó el Ministerio de Hacienda en los tiempos de Pepe Borrell que incitaba a que espiáramos las cuentas del vecino, sus gastos, su tren de vida, para avisar a los jacobinos de la hacienda y que tomaran medidas. Fracasó, pero la lengua es algo más importancia que los dineros. «La lengua, la lengua no, no se ponga con la lengua que le sienta muy mal», decía la asistente del profesor en aquella inolvidable obra de Ionesco, *La lección*.

En la vida de Cebrián, en aquel tiempo de grandes sacrificios, hay episodios nacionales que nos dan la medida del sufrimiento y los padecimientos del consejero. El 12 de febrero de 1974 el gobierno de Arias Navarro pronunció su primera declaración de intenciones que fue, para sorpresa de toda la clase política, una instrucción relativamente liberal. El gobierno Arias conservaba a ocho ministros del anterior ejecutivo presidido por Carrero e incorporaba a varios burócratas falangistas de la línea dura. Pío Cabanillas asumía el ministerio de Información y Turismo. Cebrián sería el director de Informativos de TVE. Su gran oportunidad llegaría el 23 de junio de 1974. Ese día el Partido Comunista de España había convocado un gran mitin en

Ginebra. La víspera llegaron a la ciudad suiza algunos de los dirigentes del Partido en el exilio. Fue una gran cita para todos los militantes desperdigados por varios países europeos, a uno y otro lado del llamado telón de acero. La persona que me dio detalles de aquella tarde recuerda los parlamentos de Santiago Carrillo y de Azcárate.

Pasionaria estaba presente pero no pronunció ningún discurso. El gobierno suizo, en buenas relaciones con el español de Franco, le había prohibido dirigirse a la asamblea. La diplomacia española había trabajado para cortar la voz de la dirigente comunista. Los archivos de Radio Pirenaica guardan la voz de la vizcaína. Estas fueron sus únicas palabras: «Ya que no nos dejan hablar, vamos a cantar», y a continuación entonó una canción obrera. En aquella reunión había un equipo de Televisión Española. No se presentaron como trabajadores de la televisión pública nacional, sino bajo la apariencia de enviados especiales de una televisión sudamericana. De lo contrario, es muy probable que no les hubieran dejado pasar, porque allí había personas, miembros del PCE, que trabajaban en España en situación de clandestinidad.

El redactor de aquel equipo era Diego Carcedo, hoy miembro del Consejo de Administración de TVE, a propuesta del Partido Socialista. Las cintas con la grabación de aquella reunión llegaron al despacho de Juan Luis Cebrián en Prado del Rey, que ordenó una copia que terminaría en el Ministerio de la Gobernación, donde varios ministros asistieron a un primer pase de la película. La filmación pasó después a los Servicios de Información de la policía y de la Presidencia, que tuvieron así un documento útil para conocer las intenciones del partido de Pasionaria y detectar a aquellos destacados militantes del interior que al regreso se encontrarían con detenciones y cárcel. Un mes más tarde, en julio del 74, Santiago Carrillo formaría en París la Junta Democrática, una plataforma encabezada por el Partido Comunista, en la que participaban también el Partido Socialista Popular, el Partido del Trabajo y destacados dirigentes de la oposición que planteaban la ruptura democrática con el régimen de Franco. Es cierto y verdad que en aquellos años la única oposición seria al régimen franquista era el Partido Comunista. Los de aquella época que hoy medran en las filas del socialismo estaban instalados con comodidad en el franquismo y colaboraban con el régimen en las operaciones de acoso y detención de los opositores.

Hoy Cebrián es el paladín de la democracia, el oráculo del destino político de la patria, el inspirador del federalismo simétrico y también del asimétrico, el tutor de algunos amigos de al-Qaeda que vienen a España a defender la alianza de civilizaciones, ejemplo también de lo que puede hacer un buen plan de reinvención. Hace unos meses escribió un artículo en su periódico en el que explicaba su trance como el sacrificio que había hecho para abrir en España las puertas de la democracia. Gracias Janli. Desde aquel episodio de colaboración con el franquismo sigue haciendo favores al gobierno, ahora a los socialistas, necesitados en estos últimos años de campañas, no para promocionar los éxitos del gobierno que no llenarían un folleto, sino para resucitar viejos expedientes de la era Aznar. En casos como el suyo y como el que sigue, hay que tener una excelente memoria para el olvido.

Es también célebre la reinvención de María Teresa Fernández de la Vega. ¿Recuerdan su etapa en el Ministerio del Interior de Belloch, cuando montaron aquella operación con el capitán Khan? MTFV era una pieza fundamental de aquella estructura que dejó escapar al pérfido director general de la Guardia Civil, el que había heredado todo su patrimonio gracias a las virtudes de ahorro de su padre taxista. Luego lo encontraron en Laos, y crearon, no de costilla de hombre sino de la nada, un capitán que habría entregado al prófugo para traerlo a España y ponerlo en manos de los jueces. Nunca nos han contado, por ejemplo, cuánto dinero se pagó en aquella operación a Paesa, colaborador necesario, para gestionar el regreso de Roldán a casa. ¡Qué educada y cortés es la oposición, que nunca le ha recordado su papel muñidor en aquella crisis espantosa en la que fuimos burlados por todos los lados! Hoy María Teresa es vicepresidenta, y da unas ruedas de prensa que parecen una sesión de posado para el *Vogue*, con sus cuellos de cáliz y su mirada de tortuga adicta a la nicotina. Ella quizá no se ha dado cuenta, pero se parece cada vez más a Santiago Carrillo. Va a ser el tabaco, ya verás.

Hay otros que nunca han necesitado reinventarse porque nunca han sido nada, o porque no han logrado jamás tener un perfil definido. Los hay que han pasado del marxismo al liberalismo radical, pero eso no es una reinvención, eso es de sentido común. Lo que nunca se produce, no sé por qué, es el viaje desde el liberalismo al estalinismo-pensamiento Mao Zedong. Como tampoco se da en la naturaleza el regreso desde la homosexualidad a la heterosexualidad, razón de más para no hacer nunca ese viaje que no tiene billete de vuelta. Hay cosas que me dejan perplejo, para las que no encuentro quien me dé explicación.

El problema se planteaba en el momento de elegir nuestra siguiente metamorfosis. ¿En qué nos íbamos a convertir? El panorama no ofrecía muchas posibilidades. No podía desaparecer como era el deseo del doctor Pasavento, el personaje de Vila Matas. En cualquier sitio me iban a reconocer. Lo había ensayado el verano anterior en Estados Unidos, pero desistí cuando un policía me paró en una carretera de Wyoming y me preguntó por la princesa de Asturias. Wyoming es el estado más despoblado de Estados Unidos, algo así como la Soria de América, pero sin mantequilla. El policía, que lucía una placa con el nombre del estado y la figura de un bisonte, estaba orgulloso de su parque de Yellowstone de donde veníamos, pero envidiaba que los españoles tuviéramos una princesa con tanto glamour. Nos confesó que desde Jacqueline Kennedy no habían vuelto a tener en la Casa Blanca una mujer de bandera. El listón había bajado tanto que hasta las becarias tenían que arrodillarse ante el presidente para atravesarlo. Me había parado por un exceso de velocidad, pero me despidió con simpatía, sin multa, después de un autógrafo en el reverso del impreso de sanción y la promesa de enviarle una foto de la princesa, palabra que cumplí meses después. Su mujer era de origen hispano, y seguían las noticias de España por el Canal Internacional. Hoy la foto debe de colgar en alguna de las oficinas de la Wyoming Highway Patrol, y el agente Saboukin habrá contado la historia de aquella mañana de agosto a su mujer, Josefina, y a todos los infractores del estado. Era imposible escapar. Estaba condenado a soportar una identidad inamovible. Llegados a esta certeza decidí quedarme en España, donde el caos había llegado a tal grado que se empezaban a presentar algunas oportunidades interesantes.

Las cosas en la profesión se habían puesto muy mal. Lejos de mejorar habían empeorado. Con el tiempo la división se fue agravando, y el campo se dividió en sectores nítidos. Había varios grupos. Estaban primero los del PSOE, previsibles, entregados a la defensa de los disparates de su presidente, y a la exégesis de sus discursos. Este grupo estaba formado por un tal Carnicero, un mercenario de la tertulia, gordo como un capón de Navidad, autor de aquella frase que se escuchó a las once de la noche del 13 de marzo en la cadena «la ser o la nada»: «hago un llamamiento a los que están en las sedes del Partido Popular para que se vayan a casa porque el gobierno está buscando un pretexto para decretar el estado de excepción». Por esas y otras frases la cadena se regaló el premio Ondas, que es como darle el premio nacional de reproducción humana a un onanista compulsivo. Como los de esta banda eran mayoría abrumadora repetían argumentos, difundidos desde primeras horas de la mañana por el servicio de prensa del partido, en manos de un resentido, uno de esos reporteros bélicos que se pasan las horas de la guerra viendo *Birmania* en el hotel, para inspirarse para la crónica. La letanía más repetida por esta banda era aquello de «no hay que tener miedo, esto lo vamos a arreglar».

Luego estaban los cercanos al PP, que eran pocos pero parecían más. Habían sido diezmados pero quedaban dos o tres que se multiplicaban para llegar a todo, como los soldados de Queipo de Llano en Sevilla. Habían sufrido una primera fase de desconcierto, de desbandada, pero ahora la calle estaba de su parte y en las fiestas de la democracia y en los desfiles las gentes de Madrid silbaban y abucheaban a los ministros. De vez en cuando Zaplana salía a ayudar, se bajaba del avión privado, echaba un capote y volvía al burladero para que siguiera la faena, sin arrugarse la raya del pantalón ni la de la cabellera. La austeridad nunca fue su ambiente. La más próxima al PP era M. A. Iglesias, que pasaba por las tertulias como si fuera una monja exorcista, y culpaba de todos los males a la derecha. Le invitaban a todas las tertulias de las teles autonómicas donde gobernaba el PP, y entraba al trapo con una casta de raza. En una ocasión le preguntaron en una tele regional sobre la prostitución. No parecía un asunto político pero ella, rauda y justiciera, echó la culpa a la derecha que con su hipocresía, decía, facilita la explotación de las mujeres. La carcajada del público le indicó que de nuevo había vuelto a abandonar el escueto círculo de la realidad. Uno la veía y enseguida se ponía del lado de los populares.

En un terreno intermedio del círculo infernal se situaban los amorfos, expertos en hablar sin decir nada, y en ajustar su discurso al auditorio que les atiende. Tienen lo que se llama una hábil óptica social, y una técnica dialéctica entrenada con los sofistas. Saben dar el tono adecuado a sus intervenciones, disfrazan sus argumentos con matices tan sutiles que quien quiera que les escuche valorará su moderación, su sentido de la mesura, su dar la razón a unos pero sin quitársela del todo a otros. Tienen la capacidad de demostrar en sus parlamentos que «el camino más corto entre dos puntos es la línea curva». Y cuando se ponen al trabajo encadenan curvas, una detrás de la otra, sin llegar a tocar los puntos más sensibles de una determinada cuestión, sin quemarse en el corazón abrasador de una polémica. Estos personajes del periodismo son dignos de admiración. Para conseguir este propósito hace falta tanto talento como para escribir una obra maestra. Si pusieran todas sus capacidades al servicio de una obra literaria ambiciosa obtendrían resultados sorprendentes. No quiero decir sus nombres porque darlos sería para ellos un elogio, más sobre lo que podrían llegar a ser que de lo que son. Ya lo decía en un rapto de locura la pobre Ofelia en *Hamlet*: «Dicen que la lechuza era hija del panadero. Señor, sabemos lo que somos, pero no lo que podemos ser».

Más allá de esta clasificación se encontraba la banda de Pedro José Ramírez y Jiménez Losantos, compañeros de viaje desde los años ochenta en *Diario 16*, liberales y radicales en el mejor sentido de la palabra. Su cambio de actitud con respecto al gobierno de Rodríguez tiene algunas razones televisivas. Cuando el ejecutivo emitió en 2005 las primeras señales de que recalificaría Canal Plus, Ramírez pidió un lugar en el dial para la suya. El gobierno le dijo que no, y un día Ramírez escribió una de esas largas cartas del director con caricatura para decirle al presidente que se sentía engañado, que había llegado a la conclusión de que le había estafado. Había creído en su talante y en el expediente más importante para sus negocios le había dejado tirado. Ese día se cayó de la televisión tocado como Saulo por un rayo divino cegador, el de la verdad. Pedro tenía que fingir el engaño porque de lo contrario le habríamos creído. Entre Ramírez y Losantos se fue creando una intimidad madrugadora, un intercambio de espacios entre la radio y el periódico, hoy en tu casa y mañana en la mía. Los obispos no estaban contentos con esta pareja de hecho. La COPE volvía a estar hipotecada por una sola figura que hacía y deshacía, vetaba y consentía. Las emisiones de *La mañana* parecían un anticipo del juicio divino. Losantos ofrecía sentencias, pero pocos argumentos. Casi todo eran condenas, porque en el mundo de los justos se había cumplido la profecía de los mormones, y hacía tiempo que en el cielo habían entrado los santos de los últimos días, y el *numerus clausus* estaba completo. Al de Teruel hay que reconocerle unas cuantas habilidades. La primera es una esgrima dialéctica arrolladora. La segunda, la capacidad de despertar en los nacionalistas el fascista que llevan dentro. Situó a la cadena de la Conferencia Episcopal en un nivel desconocido y en un lugar que antes ya había ocupado: el ojo del huracán. A Ramírez le guardo otras admiraciones. La primera la de haber resistido y superado el intento de destruirle como persona, y un nervio como periodista difícil de igualar. De Francino nada puedo decir. Una tarde escuché una encuesta callejera hecha por una televisión. De veinte personas, diez pensaban que era un perfume, cinco lo reconocían como pintor (algunos lo situaban en la corriente cubista) y el resto miró a la cámara como si fuera Rubalcaba. Desde aquella tarde su cadena está pensando en venderlo embotellado y con una buena caja dorada.

Éstos eran los territorios marcados de la profesión periodística. Su universo de intereses se había estrechado hasta manejar el argumento político como una vieja quijada de mulo. Trataban asuntos que no interesaban a nadie, y dejaban al margen las cuestiones radicales del presente y las del futuro. Defendían a su patrón y su filiación política. Si salían a almorzar lo hacían con los suyos. Las bandas se habían apoderado de los medios. Al margen de estas regiones se situaban zonas periféricas donde las filias y las fobias personales tenían más importancia que la línea editorial. Internet acogía, como si fuera un campamento palestino, a los centrifugados, a las víctimas, a los refugiados de las diferentes guerras que se habían establecido entre el imperio del mal y la confederación, a los cientos de blogueros, francotiradores, románticos guerrilleros armados con todo tipo de artillería ligera. Todo ser humano tiene en su interior un páncreas y un bloguero. Internet ha conseguido el milagro de convertir a cada persona en un medio de comunicación. Ella te mira una mañana y dos minutos después lo puedes contar en la red para que todos lo sepan.

Cualquier transmutación tenía que adoptar las formas que marcaban las tres grandes congregaciones, el resto sería heterodoxo, heterogéneo, anómalo, raro. Los agrupados tenían claro todas las mañanas el rumbo del día. Los disgregados navegaban en medio de una corriente turbulenta. Los polos atraían las virutas galácticas, y los que intentaban vivir en un terreno de magnetismo neutro naufragaban, porque el EGM, el que mide los oyentes de la radio con una técnica de brujería, no les hacía ni caso.

Yo, que nunca he sido neutro, he sentido durante toda mi vida una intensa aversión por las capillas, las sectas, las inclinaciones gregarias y la vida sin sorpresas. Tenía sin embargo mis preferencias. No era lo mismo el imperio de Prisa, de tecnócratas sectarios, que el ambiente libertario que se respiraba en el diario *El Mundo*, donde uno podía publicar lo que quisiera enviar. En uno se podían leer las manipulaciones más desvergonzadas contra quienes se oponían y criticaban al gobierno y las filtraciones interesadas del poder. Al otro lado se aireaban los escándalos del Carmelo, las tramas ocultas del 11 de marzo y los créditos de Montilla. No era lo mismo, ni mucho menos. Otra gran diferencia eran los suplementos culturales. En el primero podían sostener el último ensayo de Cebrián entre los más vendidos durante semanas. Todos sabíamos que era mentira menos el propio Juan Luis, que siempre ha disfrutado mucho más con la ficción que con la realidad, tan mezquina a veces.

Por aquel entonces, cuando me torturaba la duda de qué camino emprender, las cosas en España comenzaron a cambiar. Las corrientes variaron de fuerza y de dirección. Una corriente de fondo comenzó a sembrar la perplejidad entre las filas de los que estaban cómodamente instalados en los cielos del poder terrenal. ¡Qué variable es la fortuna! Uno piensa que ha llegado al poder y que si regala decretos podrá mantenerse durante catorce años como el maestro, y sin embargo las cosas cambian, la fortuna muda de barrios, y Maquiavelo te da la espalda como a todos los que perdieron la sonrisa de la suerte. Un pellizco de piedad me arrugó el alma. Los pistoleros del Norte se rearmaban y colocaban bombas en las autopistas que rodean Madrid mientras Rodríguez paseaba por los jardines de Moncloa en busca de aquel ruiseñor cuyo canto extasió a san Buenaventura durante trescientos años.

Después de muchas vueltas, meditaciones y visitas a unos cuantos despachos de consultores decidí dar un golpe de timón a mi vida. Había pensado en recurrir al psicoanálisis pero después de leer un «Libro negro» que habían publicado en París (*Le livre noir de la psychanalyse*) opté por los consultores del *management*, mucho más científicos y prácticos, y a los que no tienes que contar tus fantasías sexuales para que al final te digan lo que quieres escuchar. La única sorpresa con los analistas suele estar en la factura. Di con un experto en una ciencia nueva, y antes de que su saber estuviera demasiado usado, me puse en sus manos. Esta nueva disciplina te ayuda a llevar a cabo tareas simultáneas de tal forma que des lo mejor de ti mismo en todas ellas para alcanzar los objetivos que te marques en el menor tiempo posible. Te administran tus limitaciones, que es algo que todos tenemos en grado sumo. Si Rodríguez estuviera dispuesto a dejarse ayudar, estoy seguro de que sería el remedio para tantos tropezones, aunque aquí no enseñan a tener la boca cerrada cuando los micrófonos están abiertos. Esto lo debe traer uno aprendido desde casa.

Con la profesión en estado de guerra total, a tortas con el mundo y con la vida, decidí salir progresivamente del gremio, abandonar alguna tertulia extraviada, prodigarme tan sólo en algún debate bilingüe catalán-español-catalán, y dedicarme a hacer deporte y a escribir. La escritura me ha ido bien. En el deporte soy un desastre. En la escuela era incapaz de saltar el caballo. Mis amigos atletas me dieron la razón un día que al más ágil y deletéreo de ellos se le ocurrió tomar una larga ventaja para saltar aquel mueble. Su impulso fue tan potente que se estrelló contra la pared y tuvo que llevar una minerva en el cuello durante tres meses. Mis asesores me dijeron que todavía me quedaba tiempo para pronunciar algunas conferencias, y aprovechar la ocasión para tener un contacto más personal con gentes de procedencia diversa, e ideología confusa. «Les ofrecerás una imagen diferente de la que tenemos de ti, ese retrato fabricado que te han hecho, no sabemos si Antoni Tàpies o Sardà.» Otra recomendación importante que me hicieron fue la de no cambiar. «Sé tu mismo», era su frase más repetida. «Tienes un gran público, gente que quiere que seas su referencia, admiran tu imagen, tu capacidad de resistir. Ya sabemos que tú puedes pensar que a veces has sido un ingenuo. Son momentos de debilidad. La gente, esa gente, más de la que tú te crees, te necesita, les puedes aportar valores, un contenido emocional a sus vidas, si cambias les decepcionarás y los que te odian nunca te van a querer, así que no tienes otro camino.» Bueno, ser yo mismo es lo que más me gustaba en aquel momento. Y no estaba dispuesto a cambiar. Les pagué sus servicios a pesar de que yo mismo podría haber llegado a aquellas mismas conclusiones. A veces uno necesita simplemente que alguien le diga lo que piensa en sus mejores momentos. Así comenzó también la historia de Lexland Sport & Entertainment, una aventura en la que entré de la mano de algunos amigos abogados (dicen que los abogados van todos al infierno mientras el cielo está reservado para los ingenieros, pero yo sé que es una manipulación de los ingenieros), una empresa que contaremos quizá en algún otro libro. Por cierto, el destino llevó a la productora de *Caiga quien caiga*, otros aficionados a lo diabólico y a la televisión gamberra, a la octava planta del inmueble donde tenía su despacho la firma de abogados Lexland. Los letrados estaban en la séptima, y ellos en la inmediata superior. Muchos días compartimos un ascensor antiguo que fomenta una estrecha intimidad. Deben de temer a los abogados, o ya se han acostumbrado a mi presencia reconvertida. En sus filas había un disidente, un muchacho activo e inquieto que una tarde se bajó con una cámara al despacho de abogados para hacerme una entrevista. Decía que había entrevistado a mi hermano gemelo, un individuo que se hacía llamar José Andrés y que se paseaba por Madrid con una camiseta de «No a la guerra». No le creí. Me lo enseñó. Quedé perplejo. Me entrevistó. Eran unas entrevistas cruzadas, simpáticas, en las que dos personajes responden a las mismas preguntas. Vi el resultado, y como muchos otros, dudé de cuál de los dos era el de verdad. La vida tiene estos espejismos, que en el desierto se ven a menudo cuando te falta el agua y las piernas tiemblan.

8

La hora del adiós

El móvil pitó dos veces y la pantalla se iluminó con un destello de cesio en el momento en el que Spencer Tracy desaparece tras las llamas del incendio en *Furia*, de Fritz Lang. Joe Wilson (Spencer Tracy) ha sido arrestado y encarcelado, acusado de haber secuestrado a una joven. Todo por unos cacahuetes que aparecen en el sobre del rescate. Joe lleva los bolsillos de la gabardina llenos de maníes. En el corazón de la película la chusma asalta la comisaría y prende fuego al edificio para abrasar al acusado y vengar el delito.

Su rostro angustiado asoma a través de los barrotes y las llamas. En ese momento me llegó un mensaje, breve, conciso: «Tenemos que vernos dildo club calle argensola 17 doce noche t espero». No reconocí el teléfono. No sabía quién era el autor del mensaje. Le contesté con otro: «¿Quién eres?, ¿qué quieres?». La respuesta se demoró cinco minutos. Para entonces ya sabía que Tracy había salido vivo de la prisión. Dos energúmenos habían lanzado cartuchos de dinamita al incendio. Las explosiones habían roto los barrotes, y Joe Wilson había escapado de la cárcel por la parte de atrás, y se disponía a organizar, junto a sus hermanos, la venganza. El mensaje tenía ahora otro tono: «Déjate de coñas. No faltes. E».

No respondí. ¿La E sería de Eleuterio? Aquel había sido un buen día. Mi editora me había comunicado a media tarde que habíamos llegado a la edición número once. Era el techo. Después vendría el formato bolsillo y ventas en supermercados, donde uno quiere estar, entre bolsas de mejillones y paquetes de pañales. El libro había superado todas las previsiones. Incluso la editorial se había visto sorprendida en algunos momentos, con los ejemplares agotados en las tiendas, y los almacenes vacíos. El infierno se disolvía como los hielos de una ginebra con tónica. No estaba dispuesto a que ningún majadero me arruinara aquella fiesta. Con ese talante fortalecido y silbando salí de casa aquella noche.

A las doce menos cuarto empujaba la puerta de color rosa de un bar de la calle Argensola. El portero me dejó pasar, pero no hizo el más leve gesto de empujar la puerta para facilitarme el acceso. Era uno de estos locales en los que cuando entras te golpean los bajos de la música como un bofetón, y hasta que te adaptas crees estar en medio de una guerra. Era martes, y la barra estaba libre en casi toda su extensión. Tan sólo algunas figuras se adivinaban en el claroscuro del local. Pasé una hora esperando, tomando güisqui, fumando, observando. El local se llenó. Al principio algunos me miraban extraño. Una pareja discutió. Él decía que sí, y su amigo negaba con la cabeza. Cuanto más se animaba la fiesta me sentía más incómodo. Pronto me di cuenta de que los cueros negros con que se vestía el camarero eran la bandera de un local de homosexuales. Las horas fueron profundizando la identidad del local. La decoración obedecía al principio del final de la intimidad. La pared del baño, por ejemplo, era un cristal transparente, con una banda esmerilada a la altura de los genitales. La luz dejaba adivinar todo lo que ocurría en el interior. Así, creo recordar, el local pudo asistir a una sesión de sodomía entre dos célebres intelectuales, uno de ellos el poeta Luis Armando de la Pena, y dos jóvenes marroquíes. La inmigración también había contribuido a mejorar algunas experiencias sexuales con energía renovada, y a precios asequibles, con carne fresca para los hipermercados de la prostitución. El trago ayuda a soportar estos cambios de costumbres de la sociedad.

A eso de las tres de la madrugada, cuando estaba a punto de

dejar de beber para el resto de mis días, apareció Eleuterio. Llegó nervioso, alterado.

—Ya pensaba que no te iba a ver.

—Ya ves que tengo más paciencia que un santo. ¿Qué te ha pasado? Siempre he pensado que la puntualidad era una de vuestras señas desde que os organizasteis.

—Hay imprevistos. ¡Cuánta gente hay aquí esta noche!

—Y todos con aspecto solemne. Me han dado tres veces la bienvenida a su club, han brindado por mí, me han pedido autógrafos, he intimado con el camarero y he ligado con el jefe de prensa del Ministerio de Agricultura, al menos eso dice, es aquel que nos mira.

—Te mira a ti. No te diré que lo siento, porque sería mentira. No he podido venir antes, tenía cosas más importantes.

Tenía los zapatos embarrados, el traje arrugado.

—No me lo puedo creer. ¿Ya no formo parte de tus prioridades?

—La calle está agitada y los virtuosos crecidos. Si miras las listas de los libros más vendidos encontrarás que todas las semanas predominan los ensayos en los que se vende una moral infectada por el hedor de la excelencia. Hace unos meses esto era diferente. La cultura ha sido nuestro gran aliado. Comenzaron diciendo que el hombre no existía, y al final, de tanto repetirlo, lo convirtieron en realidad.

—Creo que se os ha ido la mano, y habéis provocado el despertar de la reacción. ¡Qué gran palabra y qué denostada ha sido! Me parece haber vivido eso otra vez, quizá en otra vida, pero me gusta cómo suena.

—No es nuevo, es verdad, por eso hay que multiplicarse. Ha sido una noche movida, he tenido que tratar con una banda de colombianos, y con un abogado de lo penal que tiene cámaras de televisión en las mejores casas de citas de Madrid. ¡No sabes la cantidad de gente que se puede controlar con ese método! Caen como moscas. Y luego basta con enviarles una foto y serán tus aliados dondequiera que estén, en un juzgado como ayudantes, en un ministerio como secretarios, en una cátedra con el poder de controlar y seleccionar a los futuros maestros. ¡No sabes la cantidad de complicidades que se pueden conseguir! La cultura es el terreno más importante. Cuando los juguetes están rotos, es el momento de intervenir. Pero lo más difícil ha sido una fiesta organizada por un grupo de *freakys* de *Gran Hermano*. Últimamente les ha entrado una afición por lo diabólico, y me siento como un bufón, y no es bueno, no es bueno que se tomen esto en broma, porque luego tienes que hacer unos cuantos trabajos en serio para que sepan de qué va, y entonces el riesgo es que se asusten.

—Bueno, y ¿de lo mío?, porque yo he venido esta noche a despedirme, no me quiero reinventar, no me da la gana, no quiero cambiar, y a pesar de todo me siento como nuevo. Me da la sensación de que el contexto ha variado y estamos en un momento muy diferente de aquel en que nos vimos. Ahora vivo como un duque, no me llama Pepe Bono para que le saque en la tele, y tengo ofertas para divertirme en esas teles nuevas que estáis poniendo, escribo, tengo vida familiar, viajo, me tomo las cosas con calma, mi nivel de azúcar en sangre es óptimo y veo a la gente dar tumbos como si fuera en un teatro.

—No te vas a ir tan fácil, pero ahora no tengo tiempo de dedicarme a tu persona. Haz lo que quieras. Creo que desde tu óptica lo peor ha pasado, pero todavía seguirás percibiendo los síntomas durante algún tiempo. Estas cosas dejan huella. Ya no tenemos demanda social para continuar con este juego, has dejado de ser interesante para nuestros clientes. Quizá tarde un tiempo en volver a verte, pero debes saber que siempre voy a estar ahí. Ahora que nos conoces nos gustaría que fueras uno de los nuestros, pero eso depende de ti. Nos podrías ayudar a crear una seductora confusión cuando las condiciones lo permitan. En estos días nos basta con aguantar la posición, pero en el fondo ya nadie anhela una vida espiritual, nos esperan grandes días, grandes momentos, sin perder la vista de esta reacción que está dando sus últimos coletazos.

—Me quedo con ellos, tigre, me quedo con la reacción, con los conservadores, con los que creen en la persona y aborrecen el estado y las burocracias como la vuestra. El vicio es muy triste y tus negocios son una mierda, no hay más que verte. El infierno, el de aquí, con sus masas aborregadas, con su ignorancia supina, me importa un bledo. No me convence, no me gusta, y además es aburrido y eso es lo peor que os puede pasar. Si no mejoráis ese aspecto, esto no hay quien lo venda. Vuestra literatura es tediosa, vuestras mujeres envejecen más rápido, vuestra risa es incompleta, y habéis conseguido atraer a lo peor de la universidad, a los menos preparados, a los menos trabajadores, a los adocenados que no se atreven a emprender una aventura por sí mismos. Marketing, te hace falta un poco de buen marketing, copia el anuncio de la primera «TVE piensa en ti».

—Pues tú te has divertido.

—Porque no me lo he tomado en serio.

—Hoy estás amable.

—Dejémoslo en cariñoso.

Nos tomamos un último güisqui. Le vi cansado, como si su viejo corazón alquilado estuviera a punto del colapso, como si alguien le hubiera abandonado en un medio diferente al suyo. Aquél no era el ambiente en el que le había conocido y sin embargo cuando me fui lo dejé en una charla animada con un productor de televisión y un actor histriónico de nombre Javier y de apellido vasco. Cuando salí del bar amanecía. Brigadas de barrenderos senegaleses con uniformes amarillos barrían las calles con inmensos chorros de agua como si el asfalto fuera una tierra fértil donde se habían sembrado las últimas y disparatadas ideas y las pesadillas de aquella madrugada. En las riberas de aquel río los quiosqueros vendían periódicos como si fuesen merluzas.

9

Indicios del purgatorio

> Ay —gimió—. ¡Pensar que todo esto no ha sido un mal sueño, y que realmente estoy a punto de volver a mezclarme con la infame y servil canalla de la época!
>
> J. K. HUYSMANNS, *Contra natura*

—Estoy viendo la Cuatro. ¿Qué es esto?

Perplejo, un amigo pasmado me llamaba para que le explicara qué hacía alguien idéntico a mí en la nueva emisora de televisión del grupo Prisa. No daba crédito. Otro me llamó la noche del día siguiente para que explicara a sus compañeros de mesa si era verdad o ficción lo que habían visto. Unos pensaban que se trataba de un doble, como aquel enano canadiense que era como un clon bonsái de Felipe González. El presidente, tan aficionado a podar los arbolitos para dejarlos enanos tuvo un castigo de la providencia. En algún lugar del mundo había alguien idéntico a él, con un acento francés más puro, pero con setenta centímetros de estatura. Lástima, porque si hubiera sido uno más alto lo podía haber puesto para gobernar mientras se dedicaba a la jardinería, o para las tareas más duras como testificar ante el Supremo. Pero claro, aquel bajito no hubiera llegado al micrófono, ni habría salido en aquella foto clandestina que publicó el periódico de Ramírez.

—No me lo puedo creer, supongo que te han pagado una pasta.

—Soy generoso, no he cobrado nada, lo hago porque me gusta.

—No lo entiendo, ¿qué haces tú con estos canallas?

—Ya no estoy en la batalla. Es verdad que son infames, pero los más canallas son los que no me sacan.

—También es verdad.

—Ésa ya no es mi guerra, ahora aspiro a divertirme, a reírme un rato, a disolver esa imagen que algunos me han construido y que no tiene nada que ver con la realidad, y a vender mis libros. Ahora soy como Umbral, sólo hablo de mis libros. Es lo que me pasa por escribir, por mi mala cabeza.

Por la noche me llamó otro amigo. Estaba cenando en compañía de otros. Cruzaron apuestas sobre la identidad del entrevistado. Perdieron. No. No era un doble, no se trataba de un incontrolado. Tampoco tengo hermano gemelo ni oveja negra en la familia. En ese caso hubiera sido fácil para mí dividir las tareas en televisión: poner a mi hermano a presentar el telediario mientras yo lo veía en el despacho, o mejor en casa, con cerveza y cacahuetes. También hubiera sido útil para amedrentar a Pepiño Blanco con apariciones teatrales. Incluso Zapatero hubiera tenido una actitud más cercana, menos hostil, si hubiera contemplado el milagro de la bilocación. Lo extraordinario vence muchas resistencias y es fuente de poder. Sólo el cielo puede variar nuestra suerte de un día para otro.

En las redacciones de algunos medios se quedaron perplejos. No sabían, no creían, no imaginaban una solución para aquel enigma. Aquello no entraba en el más remoto de sus cálculos. Y sin embargo era idéntico, tenía la misma voz, el mismo diseño de las gafas, todo era igual, pero había algo en sus mentes que no ajustaba, una polaridad magnética que producía rechazo. Eran incapaces de superponer las dos imágenes para formar una, y sólo una identidad personal. El contexto contribuyó a extender la confusión. Nuestra vida pública atravesaba una fase incierta. Incapaz de resolver los grandes problemas, el gobierno había adoptado la solución de cambiarles de nombre.

Este antinominalismo nos ofreció episodios cómicos, de una creatividad extrema. Rodríguez se presentó un día en un centro de disminuidos y propuso una nueva reforma de la Constitución del 78. Se trataba de quitar ese adjetivo por decreto y sustituirlo por el de discapacitados. Era como si Marcelino Domingo hubiera resucitado. Fue aquel ministro encargado de la cosa agraria que un buen día, ante un excedente de la cosecha de corcho ordenó que se forraran todos los despachos de los ministerios con aquel cálido material. Los alcornoques habían llegado al poder.

Otro digno antecesor de don José Luis fue Primo de Rivera. Como dice Borges, todo creador elige su propia tradición. Primo, vestido de militar, fue capaz de abolir la lucha de clases por la misma vía, la del decreto ley. Con aquella idea Rodri les quitaba a los disminuidos un peso y unos cuantos problemas. La primera impresión de la opinión pública fue de alivio, de que por fin alguien se tomaba las cosas en serio. Duró poco. Al día siguiente un académico le leyó al presidente el diccionario, que en aquella circunstancia era como si le hubieran leído el Código Penal. La autoridad académica se oponía al cambio. Discapacitado, decían los de la lengua, significa que no tiene ninguna capacidad. Si Jesús de Nazaret hubiera llamado discapacitado al pobre Lázaro, éste hubiera tenido derecho, una vez resucitado, a darle un par de leches al Maestro. ZP se retiró de nuevo a sus lecturas monclovitas, en busca de nuevas injusticias semánticas.

En ese ambiente de perplejidades asistimos a la epifanía de mi hermano. No. No se trataba de un doble ni de un gemelo. Era yo. Sólo yo, vestido con una camiseta de «no a la guerra» y una chaqueta de punto, de una lana que provocaba un picor insoportable. Un par de semanas antes había recibido un correo electrónico de un tal Juan Carlos Ortega. Me proponía participar en un nuevo programa de una nueva televisión. Su nombre no me sonaba. La nueva tele sólo podía ser la de Prisa. Le di mi teléfono y unos minutos más tarde me llamó.

—¿Te apetece la idea? Ésta va a ser una sección en el nuevo programa de tarde de Cuatro, con Boris y Siñériz.

—¿Esto lo sabe Polanco?

—Jajajaja. Todavía no.

—Vete con cuidado, a ver si te van a echar.

Acepté. Se trataba de ofrecer una sección en la que se entrevistaba al hermano gemelo de un famoso. Lo habían hecho ya con Luis del Olmo. Su gemelo era un taxista que sólo escuchaba a Gabilondo, y que cuando le preguntaban sobre su hermano afirmaba que era «muy putero». La hermana gemela de Judit Mascó era una señora de la limpieza. El mío formaba parte del movimiento contrario a la globalización, vivía de la venta de bisutería barata en un puesto callejero, y dormía en una casa en ruinas ocupada por él y su banda. El chico era un poema, y un desastre, pero como verán tenía ideas propias.

La entrevista se desarrolló en un hotel de Villalba, a unos cuarenta kilómetros de Madrid. Era un viejo caserón de estilo castellano, construido con granito de Gredos, en una zona en la que casi todo lo que tiene más de cincuenta años imita al monasterio de El Escorial. La casa estaba rodeada de un bosque de pinos. EL equipo me pidió que me disfrazara, y mientras sacaban el atuendo noté en ellos una cierta inseguridad. Se veía que habían hablado: «Ya verás como esto no se lo pone, esto va a ser muy fuerte para él, nos va a mandar a paseo». Fue mucho más fácil. Me vestí con la camiseta y la chaqueta de punto. El pantalón de estética militar lo traía de casa. Rodamos la entrevista, y en un momento del diálogo, cuando Ortega me preguntaba por los telediarios de «mi hermano» le dije que había visto muy pocos, que no le perdonaba que no hubiera hecho de mí un líder antiglobalización como el francés José Bové. «He quemado MacDonalds, he cortado calles —le dije—, y no me ha dado ni diez segundos de televisión. No hay derecho. He hecho el doble de lo que otros para tener mi momento de gloria. ¿Qué quiere? ¿Qué tengo que hacer para que me haga caso? No es un buen hermano.»

—¿Y te gustaban sus telediarios?

—Yo reniego de la televisión, y él forma parte del sistema. No veo la televisión, no veo los informativos. Sólo alguna vez, en algún bar, mientras me tomaba un carajillo.

—O sea, que no te gustaban.

—¡Claro que no! Pero el tío era líder, ¿eh? Y ahora ya no lo son. Era el primero, un crack. Mucho rollo, mucha independencia pero el primero es el primero, eso es objetivo… ¡chapó!

Mi hermano vendía ejemplares de *Días de ruido y furia*. Los tenía escondidos bajo la mesa para que nadie los viera. Si alguien le confundía conmigo y le hablaba del libro con interés, lo sacaba de los faldones del tenderete, y lo colocaba. El libro iba por la undécima edición, y se vendía como rosquillas. Incluso, confesaba, algunos rojos se habían acercado en busca de un ejemplar para ver qué decía de ellos.

Al final de la sesión, en una habitación destartalada, mientras guisaba una fabada de lata en un hornillo de gas, Ortega me brindó la posibilidad de enviar un mensaje a mi hermano a través de la cámara. «Querido Alfredo, espero que estés viendo este programa —le dije— que como ves lo hace gente que tiene "buen rollo". Creo que nos tenemos que ver más, no sólo en Navidad. Yo estoy dispuesto a llegar a un acuerdo, a cambiar de vida, porque esto como ves, ¡es una porquería! y estoy harto de esta vida cutre.» Ortega no se lo creía. La sorpresa le duró poco. Su mente buscaba nuevos estímulos y los encontró enseguida en una empleada del hotel de senos exuberantes a la que se trabajó sin descanso una vez que tuvo la entrevista en el bolsillo. Me dijo que tenía novia pero no podía resistir el atractivo de aquella nodriza que mostraba una curiosidad arriesgada sobre el mundo de la televisión. En unos minutos me había convertido en el pretexto para ligar. Me retiré discreto después de un café. Al despedirme, Ortega me suplicó un pronóstico:

—¿Crees que tengo alguna oportunidad?

—No. Eres demasiado bajo. A esta chica le gustan los osos, por eso trabaja en este hotel de montaña, a la espera de que llegue alguno o en su defecto un cazador cargado de munición y fuerte de hormonas. Ríndete. No tienes nada que rascar. Te va a utilizar. Es una trampa. Tienes que leer el *Manual de la perfecta cabrona*. Ahí está descrita la tipología de la mujer disfrazada de

Caperucita. Abre tus ojos. Cuando haya conseguido un segundo de televisión te despreciará.

—¿Te ha pasado?

—¡A mí nunca!, pero he leído cosas.

—¡La vida es una porquería!

—No es verdad, yo estoy empezando a disfrutar, y tú tienes una novia, seguro que estupenda, maravillosa, angelical.

—Es verdad, lo es, no sabes cuánto. Creo que he sufrido un momento infernal. Gracias por lo de esta mañana, ¡eres todo un actor!

—No, soy yo mismo, no te olvides.

Juan Carlos es uno de esos humoristas que van al cielo. No forma parte de la parva de «bufones, truhanes y juglares chocarreros, hombres por demás que sobraban en el mundo y que están aquí retirados porque si anduvieran por el infierno sueltos, su frialdad es tanta que templaría el dolor del fuego». Quevedo en su *Sueño del infierno*, distingue dos tipos de humoristas: «Hay bufones desgranados y bufones en racimo; los desgranados son los que de uno en uno o de dos en dos andan a casa de los señores; los en racimo son los faranduleros miserables y destos os certifico que si ellos no se nos viniesen por acá, que nosotros no iríamos por ellos». Así habla un diablo en el relato onírico de don Francisco, que sitúa a los bufones condenados en una región fría. Ortega merece otra suerte, porque es inteligente, ve cosas que sus colegas ni intuyen, es capaz de convencerte con honradez para hacer una pirueta con doble salto mortal, no sigue la corriente general de los arracimados y quiere mucho a su novia. Soy testigo.

El resultado fue extraordinario. Lo programaron en la primera semana de emisiones de la Cuatro, en varias entregas. La serie provocó el desconcierto. Supongo que no fue por Enrique pero la audiencia de aquella primera semana fue de las mejores de la breve historia del nuevo canal. Desde entonces me preguntan por mi hermano, una criatura a la que nadie ha visto salvo en televisión. Para mí se trata de alguien real, como el amigo invisible que los niños inventan para hacerse compañía cuando se apaga la luz antes de dormir. Un gemelo permite fantasías que el resto de los mortales no se puede permitir. Puedes intimar con una mujer, llevarla a casa, y dar relevos cuando tu cuerpo no puede más. Sé que algunos lo han hecho, canallas. Seguro que ellas lo agradecen: dos por el precio de uno, igualitos, y a partir de ese momento tu cotización por las nubes. Mi experiencia en Cuatro fue muy buena, pero no se puede uno fiar de ellos: me prometieron enviarme una copia y todavía estoy esperando.

En diciembre el canal Cuatro, la nueva acequia que regaba las fincas de Polanco entró en una profunda crisis. Boris gritaba cada vez más y a duras penas resistía la tentación de enseñar su culo, parte de su anatomía que nunca tuvo intenciones de salvar. Siñériz estaba triste, y no quedaba nadie en el universo estelar de la televisión para tomar el testigo de las estrellas de Prisa. Gabilondo había caído en una súbita depresión, incapaz de comprender que su pueblo, el que había atravesado con él el desierto del aznarismo, no le hubiera seguido en la adoración del becerro de oro de la televisión. Había subido a la montaña para escuchar la palabra y mientras hablaba con el altísimo el pueblo se había dedicado a zapear y a ver otras cosas. Su llegada a las noticias había sido saludada por algunos críticos de la tele. Uno de ellos, al que daba trabajo en su programa radiofónico, le auguró un gran futuro en la tele porque según el cinéfilo, la cámara le quería. El crítico añadía que entre sus grandes virtudes profesionales estaba el hecho de que a él nunca le había amenazado, ni coaccionado ni censurado. Todas las semanas le dejaba unos minutos para hablar de las películas que había sido capaz de ver en sus pequeños ratos de lucidez. Con aquellos precedentes no había sido capaz de triunfar. Nadie entendía nada. Polanco se puso nervioso. En la Cuatro rodaron cabezas. La sangre salpicaba a la competencia. Ponías la cinco, y los bordes del televisor chorreaban globulina de los vecinos. Aquello fue duro, para todos, incluso para nosotros, los espectadores. Nos deberían evitar estas escenas en el horario familiar. En un país acostumbrado por el socialismo a que el estado lo resuelva todo hay dos cosas que constituyen un mal ejemplo para las nuevas generaciones: mostrar la agonía de las estrellas de la televisión, y dar unos planos de gente trabajando.

Algunos estaban iniciando su viaje temporal hacia el infierno. Aquellos días de enero evité a toda costa las citas en el Villamagna. En realidad no pisé ningún hotel para evitar riesgos. Si me citaba quedaba lejos, en bares de taxistas, de esos que tienen siempre a disposición de los clientes una buena ración de callos como rocas suspendidas en una pared de grasa sólida, de un color y unos tonos similares a los de la ropa interior militar. Los diablos, ahora ya lo sabía, nunca van por allí. Debe de ser que los cochinillos muertos que ríen en sus escaparates tienen efectos de conjuro, como el ajo en la puerta contra las brujas. En aquellos bares me veían nítido, como si mi imagen se emitiera en digital. Procuraba no desentonar. Ya no vestía trajes ni corbatas ni cuello duro. Con un jersey de punto, cremallera y cuello vuelto, y un abrigo del rastro me arreglaba. Algunos se acercaban de vez en cuando para preguntarme cuándo iba a volver a la televisión.

—Le echamos de menos, Urdaci.

—Vamos a tutearnos, por favor.

Y siempre caían unas cañas y unos boquerones fritos, y algún cigarro y unas cuantas preguntas sobre lo que iba a pasar y el tiempo que le quedaba a ZP al frente de la nave de los locos de su gabinete. En aquellos días comprobé que la que más simpatías despertaba en los bares era Trujillo. Su ignorancia y la soltura con la que lanzaba sus ocurrencias la acercaba al pueblo soberano. Si eres ministro nunca debes dejar que los demás piensen que lo pueden hacer igual que tú. Todos los taxistas reconocían que tenían alguna sobrina parecida estudiando la ESO.

Una tarde me llamaron a casa. No sé cómo consiguieron el teléfono, pero cuando no eres nadie resulta que todos lo tienen.

Mi mujer me sacó de la siesta. Eran las tres y media y yacía hipnotizado por Jesús Álvarez que contaba en la primera los deportes como si fuera una cámara lenta. Me puse al aparato y lo primero que me preguntaron era si era yo. Y contesté que sí, aunque en aquel momento tenía mis dudas. Una joven con voz de servicio erótico telefónico me planteaba una cita con un alto ejecutivo del grupo. Como desde los sucesos del Villamagna me veo con cualquiera, acepté. Me vestí con un pantalón militar, una chaqueta de punto y cremallera, una camiseta blanca, limpia, y un abrigo. Cada vez me sentía más cómodo con aquella indumentaria. Cuando llegué me hicieron pasar a un despacho, que era como el decorado de *Epílogo*, aquel programa en el que los entrevistados dejaban su último mensaje, una entrevista que sólo se podría emitir después de su muerte. No había mesa, ni cuadros, ni televisiones, ni esos premios de la academia de televisión que están en todos los despachos de España. La única decoración era una estantería con las obras completas de Saramago y las incompletas de un antiguo locutor de la radio del grupo, hace tiempo desaparecido, que en sus ratos libres escribía novelas sin argumento, contemplaciones del mar y de los campos en la época en la que se cosechan los espárragos. Estaba intentado encontrar algún punto de interés en aquella habitación cuando entró un tipo con pintas de ejecutivo, patillas largas y pelo muy corto, traje de rayas y zapatos de ante. Antes de entrar por la puerta ya traía la mano desplegada buscando la mía.

—¿Qué tal, Enrique, cómo estás?

—Fenomenal, hacía tiempo que no me encontraba tan bien. Aquí se está caliente.

—Es lo que se llama un edificio inteligente, se autorregula y esas cosas. Es cómodo. ¿Y tu hermano?

—A su aire, él a su aire. Le va bien, creo. Escribe, ahora prepara un libro sobre el cortijo de un tal Chaves.

—¿Quieres un café?

—No soy cafetero.

—El que te puedo ofrecer es especial. Nos lo traen de París. Es de Java, se llama Kopi Luwak y tiene una historia detrás. Son los granos que se comen las civetas. Los comen enteros, y salen también enteros con sus excrementos. Esto les da un sabor único, suave, exclusivo y carísimo. Se paga a 1.000 euros el kilo.

—¡Qué repugnante exclusividad! Pero si es tan caro, ¡vamos a probarlo! Qué pijos y qué finos sois aquí.

—Antes deberías saber cuál es el nombre científico de la civeta: *Paradoxurus hermaphroditus*. ¿Qué te parece? Nos vamos a tomar un café hermafrodita.

—Supongo que no te hace falta una enciclopedia, porque si la necesitas tengo un amigo que las vende. Si esto es tan caro la civeta se puede convertir en un buen partido. Te casas, te lo legalizan, y la metes en casa a producir café, y te beneficias de la polivalencia sexual. Voy a poner una civeta en mi vida. No te pregunta de dónde vienes cuando vuelves tarde a casa y si roncas no le importa.

Estaba satisfecho de su erudición. Su primer objetivo, que era el de dar una lección y situarse por encima del interlocutor, lo había conseguido. Tocó un timbre bajo la silla, y al instante apareció un camarero con dos cafés y dos vasos de agua. Trajo también una mesita, dejó la bandeja y desapareció.

—¿Sacarina?

—No, gracias, lo tomo solo. No quiero perturbar el sabor de la defecación de esa civeta hermafrodita.

—Oye, quiero que sepas que estamos muy agradecidos a lo que hiciste en Channel n.º 4, aquí te consideramos como de casa, al fin y al cabo estuviste en el nacimiento del canal, en el parto se podría decir, jeje.

—Vais a tener que hacer algo. No habéis vuelto a repetir los índices de audiencia de aquellos días. Pero, en fin, supongo que no me habéis llamado para que le cambie los pañales a la criatura.

—Bien, ejem, no quiero hacerte perder el tiempo, ¿hablamos de negocios?

—Vamos allá. Es una pena que vuestro programa no tuviera más audiencia porque me habrías hecho famoso.

—¿Te interesa el mundo de la televisión?

—Me repugna, pero una entrevista se le concede hasta a un pobre. —Yo hacía el papel que se esperaba de mí; al fin y al cabo la chica que me llamó a casa había preguntado por Enrique.

—Quizá es que no lo has probado lo suficiente, supongo que tu vida en la calle no es la misma desde el programa. El que prueba luego no lo puede dejar, algunos no se van ni cuando ya no les queda audiencia, mira la Campos.

—¿Quién es ésa? Es verdad, mis ventas han mejorado, ya no me confunden con mi hermano. Llamazares me ha ofrecido un puesto en sus listas, y Pepiño Blanco quiere que sea su chófer pero me he informado de las razones por las que ha cambiado de conductor, y no me gustan. No duraría mucho.

—Todo eso suena muy bien; bueno, todo menos lo del conductor. ¿Te gustaría trabajar con nosotros? Nos gustaría que entre todas esas ofertas tuvieras en cuenta la nuestra. Somos un grupo sólido, en expansión. En el pasado reciente nos pusieron límites, pero eso ha terminado. Ahora no tenemos techo, dependemos de nosotros. Vamos a por todas. Y tú tienes un sitio entre nosotros. Al fin y al cabo nosotros te descubrimos.

—¿No tienes algo mejor?

—¡Todavía no te he dicho cuál es la propuesta! —El tipo sonreía, disimulaba bien. Debía de tener órdenes muy precisas porque estaba soportando aquello como un profesional. Lo noté. Se frotaba el zapato derecho contra la parte de atrás de la pierna izquierda. Todos los manuales de control de la imagen desaconsejaban aquella maniobra. Me acordé de mi amigo, el sádico que editaba a Gramsci, pero yo no soy tan cabrón—. ¿Qué buscáis?

—Gente nueva, energía joven, un espíritu virgen, sin malear. También una cara para las noticias, las de las nueve. Tú das el perfil. Para ti es algo nuevo, no tienes que asustarte, te enseñaremos, tómate el tiempo que te haga falta, no tenemos prisa porque lo tenemos claro.

—No, si no me asusto, pero me parece increíble. Yo no he puesto una noticia detrás de otra en mi vida.

—La mayor parte de los que presentan tampoco.

—Tampoco sé escribir.

—Ellos demuestran que no es imprescindible. ¿No te gusta?

—No, es que yo soy incapaz de aprender. Hombre, es un cambio de vida, muy fuerte, y yo no estoy para eso de aprender a estas alturas de la vida. Insisto, ¿no tenéis otra cosa mejor? No es que lo desprecie, pero es que no es lo mío.

—No tenemos toda la tarde. Tendrás que tomar una decisión, este negocio va muy deprisa.

—El café está regular, creo que el día que la civeta cagó estos granos tenía un mal día intestinal.

Ya empezaba a perder los papeles, era todo fachada y no dejaba de mirar mis botas sucias, con algo de barro y briznas del césped del jardín empresarial. Un señor bajito con traje gris y el pelo cano cruzó el espacio abierto por la puerta como si fuera Hitchcock en el primer cuarto de hora de alguna de sus películas. Los dos nos volvimos para mirarle. El otro estiró la espalda y se irguió como si hubiera recibido una descarga eléctrica. Dejó unos segundos de silencio.

—¿Por qué habéis pensado en mí, lo puedo saber?

—Bueno, creemos que das el perfil, por tu configuración ideológica, tu compromiso contra la guerra, tu actitud alternativa, contracultural, y tu experiencia con los grupos contrarios a la globalización. Tú puedes atraer a nuestro canal a espectadores jóvenes, los que no ven la televisión porque no les gusta lo que da. Eres un buen reclamo, la confirmación de que al final, cuando se enfrentan, el rostro progresista se impone al reaccionario, la dialéctica de la historia demostrada en el pequeño ámbito familiar.

—¿De verdad creéis todo eso?

—Pues sí.

—Pero vosotros ¿queréis hacer una tele o una barraca de feria? Porque lo que tú me ofreces es lo que yo ya tengo, sólo que bien pagado, con nómina, peluquería y maquillaje por las tardes. Aquí se está más caliente y con un poco más de público, eso sí. Como cantaba Camilo Sesto estoy harto de rodar como una noria.

—Bueno, ¿qué te parece?

El bajito volvió a pasar, como si estuviera pendiente de nuestra conversación pero no quisiera participar en la misma. Dio dos pasos desde la izquierda y desapareció por la derecha. Si hubiera tenido tres palmos más lo habría confundido con Hugh Thomas, pero era más bajo y más grueso que el historiador, no tenía aspecto de beber pero sí una cara con muy mala leche, y una frente brillante como una sandía.

—No me gusta esto, tus prisas, el tipo este pululando al otro lado de la puerta, esta sala de tanatorio, y esta tele y el café que me ha movido el intestino. Creo que me convendría más, ya que doy el perfil, un puesto en la primera, que es más profesional. Esto lo veo modesto, con pretensiones, con mucho talante y poco talento.

—Te puedes equivocar, aquello lo están desmantelando, aquella casa está muerta, le están quitando la publicidad y poco a poco va entregando su audiencia. Les dirige una catedrática. Pronto se parecerá a una facultad: clases por las mañanas y un taller de radio por las tardes, y olor a tigre en las aulas después de una hora de teoría. Esto es el futuro, estás en el futuro. ¡Anímate! Nos podemos divertir.

—Yo ya me divierto.

—Aquí podrás hacer muchas cosas, serás famoso. Cuando quieras escribir tus memorias te brindaremos una editorial, un rincón en el periódico para difundir contracultura, y un rato en la radio para ser tú mismo, o para interpretar un guión. Podrías ser como Manolo Tripas, una referencia del ecoprogrenacionalismo, un fabricante de frases para el consumo inmediato, de ideas para la compresión rápida de los mensajes. No se trata de escribir mucho, sino de tener el oído bien puesto. Puedes ser un nuevo personaje de nuestro relato. Haremos de ti un sujeto inolvidable.

—Eso es demasiado trabajo.

—Tú decides cuánto, cuándo y cómo.

Aquello había ido demasiado lejos.

—No quiero ser como Tripas, yo soy conservador, de derechas, creo en el mérito, en el esfuerzo, en el capitalismo y en la plusvalía, ¿no quieres unas pulseras de pelo de elefante?

Me miró perplejo.

—Adiós.

Le di la mano. Me la apretó. Le confesé que no era yo, es decir, que había estado sentado en realidad frente a Alfredo. Su rostro se congestionó, luego cayó al suelo entre convulsiones. Lo dejé allí. En mi intimidad le brindé la sesión a mi amigo, el de las obras completas de Antonio Gramsci: «Va por ti». El eurocomunismo y los intelectuales orgánicos crean monstruos. Allí se quedó la víctima. Tengo mala conciencia de haberle dejado tirado. Siempre he sido bastante torpe para los primeros auxilios. Cuando salí el bajito ya no estaba en la sala. Le dije a una secretaria que el directivo se había puesto raro. Atravesé la redacción. Todos me saludaron, bueno saludaron a mi hermano. Miraban como si fuera una aparición y se daban codazos de entusiasmo. Tardé en salir. Es la primera vez que me pierdo en el laberinto de pasillos y ascensores de una oficina. Aquella tarde eché de menos a Enrique. ¡La de cosas que yo habría hecho con un gemelo!

Después de preguntar varias veces conseguí salir de allí. El tiempo había cambiado. Hacía calor. El suelo estaba seco, y Madrid al fondo, era una ciudad nítida, castellana, con sus escasas torres como molinos y sus rebaños de chalets adosados. En la primera esquina me encontré a un morito. Llevaba una bolsa. Se paró ante mí y sacó dos fajos de discos con películas de estreno. Todo Hollywood cabía en su mano campesina. Abrió una sonrisa pura, húmeda, sin dientes.

—Barato, cine barato.

—Lo siento, no tengo para reproducir. En este soporte, quiero decir.

—Pero sale de la tele, tengo para niños, también para mayores, cine familiar, estrenos, porno, lo que quiera, todo barato.

—Sí, tiene usted razón, yo he salido de la tele. Usted me puede borrar ahora con un mando a distancia. Espero que no lo tenga a mano.

—No, sale de la tele, del canal, de Cuatro, de la «Nave del Infierno».

—¿Cómo dice?

—Ése es el nombre con el que se conoce el edificio.

Nos dimos la vuelta. Era cierto, aquella construcción era lo más parecido a las naves que utilizan en las películas de ciencia ficción los pérfidos soldados del lado oscuro, una imitación de la *Estrella de la muerte*. Estuve contemplando aquella construcción durante no sé cuánto tiempo. El suficiente como para darme cuenta de que no volvería a ver a Eleuterio, al menos durante una larga temporada. El necesario para sacudirme la dependencia de los libros de autoayuda que me habían sido tan útiles en el tránsito, tan superficiales en las soluciones. El imprescindible como para concluir que podía ser lo que quisiera siempre que supiera resistir. En aquel instante comprendí que la literatura de autoayuda era un fracaso de la pedagogía. El mismo público que compraba libros para adelgazar veinte kilos en un mes era el que disfrutaba con las confesiones de una señora entrada en carnes que desparramaba ante la televisión sus frustraciones porque cuando era gorda su marido la amaba con más pasión y romanticismo. Los que compraban manuales en busca del éxito rápido, la memoria ágil, la oratoria seductora, la liberación del tabaco o la felicidad sin sacrificio, pasaban las tardes contemplando en televisión las historias de fracasos, las pequeñas miserias, la mezquina vida diaria. Nos gustaría ser perfectos, pero disfrutamos de la imperfección relatada en primera persona y sin complejos. Hemos extendido el bricolaje y las cajas de herramientas a todas las actividades de la vida. Desde que los curas no controlan las conciencias, desde que perdieron autoridad sobre las almas, un mercado liberalizado ofrece soluciones de hipermercado para cualquier desviación o problema, escaleras para cualquier sueño, y mangueras para todos los incendios. Queremos ser el resultado de nuestro propio plan de diseño, y admitimos cualquier otra forma alternativa, no importa cuál. Nunca el hombre ha sido un ser tan amorfo como en esta época. No sé cuánto tiempo pasó. Cuando desperté tenía la mano sobre el hombro del moro. Estreché la suya. Era cálida. Estaba harto y cansado de manos frías. En aquel momento me pareció que tenía un aire angelical, como de Machín. Me despedí. Dije adiós al infierno y subí a la línea 53. El conductor no me quiso cobrar.

—¡Usted aquí no paga!

—A mandar.

Epílogo:
Decálogo para superar tiempos de crisis

Después de esta peripecia, decidí elaborar mi propio decálogo de autoayuda para vencer tiempos de infortunio, épocas de crisis y confusión, conscientes de que la solución, en contra de algunas corrientes teológicas y morales, no viene nunca del exterior, sino de uno mismo. De mi experiencia obtuve algunas reglas que es importante compartir para quienes vayan a entrar en el infierno por la puerta grande o por la puerta chica. Cada día hay miles de personas que caen en estas situaciones. Cuando llegan las elecciones a ayuntamientos, comunidades y gobiernos, la cantidad se multiplica. Masas enteras inician esos caminos hacia los cráteres del Averno, mientras otros, pocos, salen de nuevo a la vida civil, recuperan la conciencia y una cierta lucidez. Muchos se quedan en el camino, incapaces de encontrar en sí mismos la fuerza suficiente para abandonarse a la corriente ascendente y salir a la superficie. La vía de salida del infierno se comienza a trabajar cuando uno todavía no ha llegado a esas regiones profundas, cuando ni siquiera se intuyen, cuando la vida es un horizonte abierto y el éxito un regalo al alcance de la mano.

1. La primera regla tiene que ver con esto. Si quieres escapar pronto del infierno, *aprovecha todas las oportunidades* que se te presenten antes de llegar a esa situación. Piensa siempre que la caída es probable. Debes ir por la vida guardando cartas en la

manga, dejando pequeñas o grandes piedras en el camino, de tal forma que en los momentos de extravío puedas volver, regresar atrás para coger impulso, o iniciar caminos inexplorados. En tu vida pasada están las claves para eludir las trampas. Examina tus últimos años, las puertas que has dejado abiertas, los caminos o aventuras no iniciadas, sino simplemente esbozadas. Ésas son las sendas para encontrar otras regiones.

El día que dejé TVE, la misma tarde en que recogía mis cosas del despacho, un día sin visitas y con algunas llamadas, encontré entre el equipaje de mi vida profesional, mi siguiente meta. Algunos columnistas con poca imaginación se preguntaban por aquellas fechas por la que sería mi siguiente ocupación. Yo lo tenía resuelto. Había un asunto del que yo sabía bastante y otros no sabían nada. Algunos iban a necesitar aquel conocimiento ordenado, y otros muchos tendrían curiosidad por placer de saber. Aquella misma noche, aislado del ruido ambiente, me puse a escribir un libro sobre el Cónclave, y la historia apasionante de una institución insólita atravesada por pasiones y circunstancias interesantes. No fue fácil. La disciplina de la escritura no es la misma que el periodismo. Los días se hacen largos, la pantalla del ordenador un territorio árido, y la necesidad de confirmar fechas y juicios históricos es prolija y exige indagar mucho para obtener pequeños resultados. Desde aquel día encontré en los libros y las letras un mundo que me esperaba desde hacía mucho tiempo, una posibilidad larvada, también un refugio desde el que construir una nueva vida.

2. *Los que trabajan mucho tienen siempre más oportunidades de escapar*. La segunda regla importante es no perder la moral. Si has trabajado duro, no podrán contigo. Quien se desanima se hunde en la depresión, y es presa de todos los buitres que rondan el despeñadero de los desesperados. Lo mejor siempre está por venir, aunque el horizonte esté cargado de nubarrones y amenazas. Debes trabajar mucho porque si no te puede ocurrir como a Zapatero, que su primer trabajo fue el más importante

de su vida, y le cogió desprevenido, sin hábito de aplicarse, sin costumbre de sacrificio, y cuando quiso aprender se dio cuenta que era tarde. Rechazó lecciones de González, aborreció la experiencia de Aznar, y creyó que la fortuna lo era todo, ¡insensato!, y que bastaba con la voluntad para abrir horizontes y doblegar voluntades. Enseguida empezó a decir que no iba a Polonia porque estaba cansado, y a aplazar a última hora citas importantes en asuntos de política internacional, que es donde menos se perdonan la pereza y la desidia. Como dice un amigo francés, nunca te fíes de alguien que llega tarde o te aplaza una reunión a última hora. Si no es capaz de cumplir su palabra en un asunto tan nimio, te traicionará en los asuntos importantes.

Hasta llegar a la presidencia del gobierno, Zapatero no había hecho nada. Trabajar, lo que se dice trabajar, no lo conocía. Tampoco había leído la *Apología de la pereza* de Robert Louis Stevenson, y por tanto desconocía la paradoja de Bowell: «Nos cansamos cuando no hacemos nada». Trabajar es muy importante. Ésta es una palabra denostada, despreciada. Un amigo que se dedica al mundo de la televisión, de las productoras, dice cuando se queja de sus negocios que peor sería tener que trabajar. El trabajo tiene mala prensa, mientras el disfrute, la pereza, el abandono, el *dolce far niente* se valoran como el logro absoluto, la condición de la felicidad. Ésta es una de las evidencias que ilustran la inexistencia de la llamada en otro tiempo clase obrera. Hoy dices en una cena de amigos que trabajas en un taller y te miran mal. En una ocasión tuve la suerte de conocer a un gran banquero internacional. Su marca se situaba entre las primeras del mundo. En mi inglés pobre y con acento navarro, le pregunté cuál era el secreto de su éxito y me contestó con una fórmula sencilla: «Trabajamos más que los demás». Y yo supongo que lo hacen también con más talento. Alan Friedman, periodista norteamericano, publicó el verano pasado un libro en Estados Unidos. Se titula *The World is flat* (El mundo es plano). Alerta a Occidente sobre el valor del trabajo. Recuerda cómo, cuando éramos niños, nos decían que tomáramos toda la sopa porque otros pequeños en otros continentes morían de hambre. Ahora, propone Friedman, hay que decir a los pequeños que trabajen y estudien más porque si no cuando sean mayores un indio, o un chino, se comerán su puesto de trabajo. Trabaja. Ya descansarás cuando mueras, y que sea tarde.

3. *Ten preparadas respuestas para lo peor.* En el infierno te harán las consultas más disparatadas y las preguntas más inquietantes. Un célebre director de periódico llamó un día a la mujer del propietario de otro. La pareja no atravesaba su mejor momento. El marido era todo trabajo y negocios. Le habían colocado un bellezón como secretaria. Tenía tal cuerpo que enseguida se convirtió en jefa de gabinete. Un día el director, ya consagrado, llamó a la mujer del propietario y le dijo: «Estoy muy preocupado porque me temo que tu marido se ha liado con la secretaria». La señora le contestó impasible: «Eso es imposible. Mi marido es impotente». Y se quedó tan feliz. La dama había ensayado aquella respuesta, la había destilado después de contestar a decenas de insinuaciones. La regla vuelve a ser la misma: indiferencia para lo intrascendente, e intransigencia para lo relevante. Nunca me cansaré de repetir esta fórmula que desconcierta a los más diabólicos enemigos. Ensaya estas preguntas, busca respuestas antes de que lleguen los interrogantes, y si te cogen desprevenido respira hondo, medita unos segundos, no te alteres, acepta la fuerza del golpe con indiferencia, y convierte la agresión en un lazo con el que ahogar a quien te lanza el dardo. La maldad es única, y se repite hasta la tristeza. Por tanto las preguntas que te harán, los golpes que recibirás, serán todos similares. Cuando hayas encajado diez los habrás dominado todos. Conviene esperar y aplicar una estoica paciencia, y una irresistible sonrisa. No hay nada que desquicie más a nuestros enemigos que la risa; no hay nada que les dé más ánimos que nuestro abatimiento o nuestra tristeza.

4. *Alimenta proyectos grandes y desprecia los pequeños*. Esto lo aprendí de un arquitecto. El rascacielos más bello de la historia de la arquitectura está en Manhattan. Se trata del Flatiron. Fue construido en 1902 por un genio que se llamaba Daniel Burnham. Vosotros conocéis el Flatiron. No me digáis que no. Hay miles de fotos de este singular edificio. Se eleva en Times Square, Nueva York, en la Quinta Avenida. Cuando se mira de frente se tiene la impresión de que sufrimos un efecto óptico. Su extremo anguloso ofrece una perspectiva dramática. Su mezcla de estilo gótico y renacimiento lo hace único por su belleza.

Burnham solía decir a sus alumnos de arquitectura: «Haced grandes planes, no los hagáis pequeños porque ésos no se cumplen nunca. Dejad que vuestro lema sea el orden y vuestro faro la belleza». Ya ven que la frase tiene muchos contenidos, y que no sólo anima a ser ambiciosos, sino también a buscar el orden y la belleza. Los edificios de Burnham tenían esas dos cualidades que juntas se traducen en armonía. Por tanto, no te quedes con las pequeñas cosas, no albergues planes pequeños porque pronto los abandonarás. Concéntrate en los grandes, son los únicos que merecen la pena. Tú eres más fuerte que tus enemigos. Cuando te vean embarcado en algo ambicioso te mirarán de otra forma, tendrán una nueva consideración de tu persona y de tus horizontes.

No es sólo una idea de arquitectos. Los hermanos Rice, John y Grez, no tuvieron en su ida ni un solo día de desánimo. Nacieron en Palm Beach en 1951. A los pocos días de vida fueron abandonados, y adoptados por un matrimonio que ya tenía otros dos hijos. La altura máxima de los Rice fue de 85 centímetros. Su madre les decía que ser diferente estaba muy bien. Crearon empresas. La primera fue una inmobiliaria. La segunda vez les dio por una compañía de pesticidas. Se disfrazaban de termitas en anuncios de televisión para difundir la eficacia de sus venenos. Luego ampliaron el negocio con cursos de autoayuda con el lema *Piensa gigante*. Nunca se quejaron, y nunca hicieron un plan de su tamaño. Ése fue el secreto de su éxito.

5. *Donde existe lo desconocido reside la promesa*. Es de Augusto Roa Bastos. Hay vidas que están programadas desde el principio al fin. Otras están sometidas a los altibajos de la suerte y la fortuna. Cuando tu destino cambia en unas horas sabes que el terreno que no conoces es todo el futuro, desde el inmediato hasta el más lejano. El vacío es el lugar donde construir, el espacio donde crear. En las tierras por descubrir también se esconden los enemigos de las promesas. Es una de esas frases enigmáticas que provoca sobresaltos. Los terrenos desconocidos están llenos de oportunidades. Uno los puede ver como una región temible, la tierra de los leones que los romanos situaban en el África ignota. Para otros se trata de un mundo donde poder desarrollar aventuras nuevas, prosperidades desconocidas. Con una condición: que el día que tengas que enfrentarte a ese mundo nuevo estés preparado. Piensa que nunca sabrás todo lo que puedes llegar a ser si no lo intentas, si no mides ese campo abierto, inmenso, tan prometedor como desconocido.

6. *Si te reinventas, vuelve a ser tú mismo*. Cambia pero sigue siendo el que eras. La solución siempre está en uno mismo. Otras variantes pueden ser arriesgadas. Si renuncias a tus convicciones, si aparcas tu esencia moral, te perderás en una selva en la que serás manejado por fuerzas ajenas, por intereses mercantiles que no son los tuyos. Es posible que aventar tu intimidad, o intentar agradar a una parte del público del circo en el que todos nos movemos te dé una rentabilidad inmediata, urgente. Tendrás solucionado el corto plazo, pero piensa que lo único importante es el largo. El día a día lo vive cualquiera, lo difícil es cumplir los planes a largo plazo. Si te has hecho a ti mismo, no encontrarás otra forma mejor en la que reencarnarte que en la tuya. Para este viaje se necesita una buena mochila cargada de sólidos principios a los que no debes renunciar porque corres el riesgo de perder tu identidad en la transformación.

7. *Sé educado pero no correcto.* Lo primero está claro. Hoy abunda la mala educación. En esos tiempos inciertos, de una extrema sensibilidad para los condenados por persecuciones y linchamientos, recomiendo leer a los clásicos. Alguna prensa y parte de las letras de hoy, son toneladas de mala educación derramada en nuestras calles. En ese contexto, leer *La Ilíada* o *La Odisea* es un placer supino. Si no lo has hecho nunca, te lo recomiendo. Hay que tener tiempo, un poco de paciencia, pasar del primer canto en los dos libros y a partir de ese momento el goce se comienza a elevar por entre un bosque de mediocridad. La vida, el amor, la muerte y la querella tienen una altura estética, están dotadas de belleza, de dignidad.

La mala educación se derrama a diario, en las ventanillas de las cajas de ahorros, en los correos, en los autobuses, en la calle, en la televisión. En España se grita más que nunca y la amabilidad hace tiempo que desapareció detrás de los mostradores. Pero conviene evitar la corrección, que es una de las formas más reputadas del ser maleducado. Ser correcto es hacer lo que Paul McCartney, que dice que no va a China porque en aquel país se maltrata a los perros y a los gatos. ¡Hombre! Puestos a denunciar situaciones de violación de derechos, Paul habría salvado su flequillo si hubiera denunciado en primer lugar la situación de la libertad de expresión, la existencia de presos de conciencia, la inexistencia práctica de derechos fundamentales en el país. Pero no. A Paul le preocupan los perros y los gatos. Ser correcto es pasarse el día diciendo que hay que terminar con el hambre en el mundo, y cuando te piden unos euros dar la espalda, Zapatero, que no se puede ser tan superficial y periférico. Hay que hablar al corazón con los hechos y no sólo a la piel con las palabras. La corrección política nos ha llevado al fascismo tolerado por la sociedad catalana, al crimen olvidado por la sociedad vasca, al silencio que protege el clientelismo sobre el que asienta su poder Manuel Chaves en su cortijo andaluz. La incorrección es sana. La gente valora que a las cosas se les llame por su nombre. Ensáyalo, pruébalo, y verás cómo después del primer instante de desconcierto comienzas a disfrutar, y el infierno se diluye a tu alrededor.

8. *Evita el conocimiento inútil*. La mayor parte de nuestro conocimiento diario es un conocimiento inútil. Científicos de la Universidad de Oregón han descubierto que el cerebro humano tiene mecanismos para olvidar la información inútil. No todos tenemos la misma capacidad. Es lo que diferencia a los sensatos de los atolondrados. Estos últimos suelen ser más creativos y tienen más imaginación, pero su capacidad de ocupar sus neuronas con conocimiento útil es menor. Hay por tanto profesiones en las que es conveniente tener un cerebro con un buen vigilante de seguridad. Desde la llegada del socialismo al poder en 2004 la cuota de información inservible ha aumentado. Nuestro gobierno es procastrista, antiamericano, tercermundista, partidario de Chávez, antiliberal, intervencionista en la economía, y creador de moral, que es lo peor que puede ser un gobierno. La izquierda cultural sigue retrasada, a años luz de la realidad. La carga tercermundista de algunos informativos de televisiones públicas, el adoctrinamiento pedagógico que emiten es una nueva seña de identidad de estos tiempos. En la prensa pasa otro tanto. La cobertura del desastre provocado por el huracán *Katrina* es un buen ejemplo. Los reportajes, las informaciones, estaban teñidas de antiamericanismo. Durante semanas, las televisiones dibujaron un paisaje de crímenes y violaciones a partir de rumores tomados por ciertos periodistas sin ningún tipo de comprobación. Cuando las aguas se retiraron, la realidad que afloró era muy diferente. Nadie denunció ante los jueces tan grandes delitos. Pero entonces ya no interesaba. Aquí en España ocurrió lo mismo con el *Prestige*, ¿se acuerdan? El desastre iba a durar cinco décadas. Los efectos para la pesca serían perniciosos, irreversibles. La madre naturaleza, ese pequeño dios en el altar de la posmodernidad, había sido violada y vejada, y se vengaría de nuestros pescadores con siglos de carestía. Su útero estéril dejaría de producir esa fauna de costa que parece

un bestiario de fantasías sexuales. Un año después de la catástrofe el mar había digerido el fuel, y los pescadores habían renovado coches y aparejos. Fue trágico, pero se palió. En verano de 2005 volví a Galicia, como otros años. Una noche, cenando con una familia de amigos dedicados a la pesca, lo reconocieron: «Hemos leído *Días de ruido y furia* y tienes razón, aquello del barco no fue para tanto». Luego lo rescataron en el mes de diciembre de ese mismo año para intentar frenar el ascenso popular en las encuestas. Parecía que nos contaban cosas nuevas, pero en realidad era lo mismo, con titulares más grandes, y gran aparato gráfico. No era la primera vez que los medios de Prisa rescataban historias ya narradas, con fecha de caducidad vencida. Una vez más abrían sus puertas de par en par a las filtraciones organizadas desde Ferraz. Pero esta vez el material estaba tan podrido como una merluza vendida en Soria en el siglo XVI. Por aquellos días los socialistas castellanos se negaban a tratar sobre los once muertos en el incendio de Guadalajara con el pretexto de que los muertos llevaban seis meses enterrados. Podríamos llenar un libro con casos similares. Revel escribió uno hace años que es imprescindible, y por eso lo verán en la bibliografía. Las obras de Revel ayudan a formar a ese vigilante nocturno que debe separar en nuestro cerebro el grano de la paja, la mentira de la verdad, por mucho ruido que rodee a la impostura, y por mucho silencio y desprecio que ahogue la verdad.

9. *Elige tus amigos, pero selecciona muy bien a tus enemigos.* Uno de los primeros ejercicios de esta nueva fase de tu vida es olvidar el resentimiento. Con él no se construye nada. La elección de los amigos vendrá dada por la fuerza y el empuje de la situación. Los que queden serán los imprescindibles, de esto y de los mecanismos por los que se seleccionan a sí mismos ya hemos hablado. Me quiero centrar ahora en la elección de los enemigos. Me dirán ustedes que eso no se elige. Yo les digo que están equivocados. Cuando se pierde el poder una legión de atacantes intentará medirse con el defenestrado. Las razones son

muchas. Unos quieren contribuir al linchamiento para colgarse medallas, sobre todo en esta España en la que son tantos los que corren en ayuda del vencedor. Para otros será una forma de curarse complejos de inferioridad. Te asaltan con espadas porque nunca se han sentido seguros de sí mismos, y ahora que tu pierna flaquea se atreven contigo. Animados por una masa que les jalea, se crecen, se ven grandes, se vienen arriba. Elige a tus enemigos. No todos son dignos de tener el honor de medirse contigo. En el silencio hay un desprecio que debes administrar con sentido de la dignidad. Una regla subordinada a la elección de los amigos es la del «entorno de confianza». En *El canto de la alondra* de Willa Cather entendí la importancia de rodearse de personas que creen en ti más que tú mismo. A los que no creen, a los que no tienen fe, a los que piensan que te deben acompañar y consolar en el camino hacia el infierno, a ésos hay que tenerlos lejos, custodiados, y con orden de alejamiento preventivo.

10. *Vivir bien es la mejor revancha. Vive bien.* No lo confundáis con la vida cara, no me seáis ordinarios. El consumo compulsivo ya no se lleva, ya no nos satisface. La compra se ha convertido en un acto de oración a los grandes valores de la posmodernidad. Vivir bien es casi un mandato imperativo. Este punto tiene poco que explicar. Aprendí esta frase en Estados Unidos, en un largo viaje, durante el verano de 2005. También en aquellos días encontramos algunos lugares infernales. El más profundo pozo fue un motel de la periferia de Boston, el Ramada Inn, un antro gobernado por una recepcionista bigotuda en el que las noches se hacían interminables por el ruido incesante de los aparatos de aire acondicionado. Ramada es una cadena cuyos tentáculos se extienden por todo el país. El infierno también tiene sus hoteles, como el paraíso regente los suyos. El Ramada de Boston era un lugar perfecto para cometer un crimen o para alistarse en una guerra civil. Pasamos un mes en aquel país que, como dice Karl Popper, es la creación política más perfecta

de que ha sido capaz el hombre. Algunos días tocamos el cielo: en los lagos de Yellowstone, en el desierto de Nevada, en el Empire State Building, donde es fácil porque se acaricia el vientre de las nubes, en los bosques de Vermont, en las playas de Carmel y Monterrey, o en las cuestas de San Francisco, que lo tocas, y enseguida bajas, en Berkeley y Harvard, y en algunas terminales de aeropuertos rigurosamente vigilados, y en horas y horas de coche por autopistas globales, escuchando a los Creedence Clearwater Revival, antes de que nuestros hijos nos digan que somos unos carrozas, o lo que se lleve ahora para denominar a los obsoletos musicales. Y en otros lugares que sólo sabemos ella y yo y que os quedaréis sin conocer porque no nos da la gana de contar, que vivir bien también es fabricar secretos y luego saberlos guardar. La felicidad, que era hasta ahora un asunto de niños y de mujeres, una aventura poco relevante, indigna de ser perseguida con la intensidad de corazón con la que se ambiciona el poder, es de repente uno de los grandes asuntos de los medios masivos de comunicación. Vivir bien es una revancha contra todo. ¡Ya lo creo!

Podrían ser muchos más los epígrafes de este final lleno de consejos, pero entonces ya no sería un decálogo, y estas reglas deben ser sencillas si quieren ser eficaces. Cada uno podrá añadir las que quiera porque existen tantos tipos de infiernos como personas.

Bibliografía para salir del infierno

Durante la redacción de *Cómo salir del infierno* leí algunos libros que me resultaron útiles y sobre todo interesantes, para conocer el lugar donde me hallaba y sus posibles salidas. La mediocridad de la televisión fomenta la lectura. Si no ves la tele tampoco te ocupas de sus críticos, y eso supone más tiempo, mucho más tiempo para leer. Cuando dejas de trabajar catorce horas diarias el tiempo se dilata, y caben muchas más obras, leídas con más concentración e intensidad. No quiero terminar sin colocarlos aquí, para los lectores curiosos que encontrarán en ellos muchas cosas: primero el placer de la lectura, pero también una visión nueva de asuntos que parecen asentados en el conocimiento y en la opinión general, como si nadie se atreviera a discutirlos por falta de elementos de juicio. Son pocos libros. Algunos ya lo estaban, y otros han entrado en mi lista de obras imprescindibles. En el infierno se dispone de tiempo. En el cielo supongo que se disfruta de una eternidad plenamente ocupada, de la presencia absoluta de Dios. El tiempo del infierno hay que llenarlo como se pueda. Aquí tienen algunas lecturas que les pueden ayudar a comprender algunos estados extremos del alma.

Entre los clásicos citaré primero la *Divina Comedia, El Infierno*, que leí en la versión de Ángel Crespo editada por el Círculo de Lectores, con ilustraciones del pintor Miquel Barceló que forman por sí mismas una nueva versión-visión del camino del poeta y el relato de cuantos se encontró en aquellas regiones. Otra experiencia infernal profunda es la que se narra en *La balada del viejo marinero*, de Samuel Taylor Coleridge. Es la historia de la maldición que persigue a un viejo lobo de mar por haber matado a un albatros que guiaba a su barco en una pavorosa tormenta. Gustave Doré ilustró aquellas tinieblas y sus dibujos han sido rescatados por el Círculo de Lectores en otra de sus ediciones magníficas. El mar, mundo oscuro y violento, ha sido muchas veces el escenario en el que el alma se enfrenta al abismo. Hay muchas obras que ilustran ese límite, desde *Moby Dick* de Herman Melville, hasta *Lord Jim* o *La línea de sombra* de Joseph Conrad. De la poesía conviene siempre tener a mano para una tarde de *spleen*, *Una temporada en el infierno* de Arthur Rimbaud, en una buena edición como la de Hiperión, a ser posible bilingüe si uno ha tenido la fortuna de aprender el francés en el instituto o de formas más amenas, y con notas que nos ayuden a navegar por el complejo universo de referencias del poeta.

El diablo aparece en muchos relatos, pero para mí son tres los fundamentales: *Historia de un asesino* y *Leviatán*, de Joseph Roth y *Cartas del diablo a su sobrino* de C. S. Lewis, autor mundialmente famoso más por el éxito de la versión cinematográfica de *Las crónicas de Narnia*, que por la correspondencia del diabólico Orugario. Los infiernos son lugares transitados por tantos escritores. Destaco uno de entre los más profundos: *Las memorias del subsuelo* de Dostoievski. Sobre el infierno también escribió Francisco de Quevedo su *Sueño del infierno*.

Para quienes tengan ganas de despejarse algunas telarañas mentales les recomiendo *Intelectuales* de Paul Johnson, una obra que somete a algunos autores de ficción y pensadores al contraste con su vida privada. También resulta refrescante, revelador, y eficaz contra la mentira la obra del francés Jean François Revel, en general toda y en particular *El conocimiento inútil*, un ensayo publicado en los años ochenta sobre las mentiras difundidas por la izquierda social e intelectual, y comúnmente aceptadas. Que los disfruten.

Índice